라떼는 몰랐던 뇌과학 소통

라떼는 몰랐던
뇌과학 소통

저   자 하장용

저작권자 하장용

1판 1쇄 발행 2020년 12월 25일

발 행 처 하움출판사
발 행 인 문현광
교   정 김은성
편   집 조다영
주   소 전라북도 군산시 축동안3길 20, 2층(수송동)
I S B N 979-11-6440-728-6

홈페이지 http://haum.kr/
이 메 일 haum1000@naver.com

좋은 책을 만들겠습니다.
하움출판사는 독자 여러분의 의견에 항상 귀 기울이고 있습니다.

이 도서의 국립중앙도서관 출판예정도서목록(CIP)은 서지정보유통지원시스템 홈페이지(http://seoji.nl.go.kr)와 국가자료종합목록 구축시스템(http://kolis-net.nl.go.kr)에서 이용하실 수 있습니다.(CIP제어번호 : CIP2020051951)

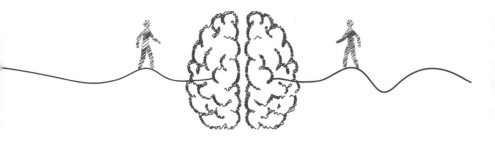

라떼는 몰랐던
뇌과학 소통

하
장용 지음

프롤로그

소통의 중요성이 강조되는 사회다. 게다가 4차 산업혁명 시대에 필요한 인재가 갖추어야 할 덕목은 '창의', '소통', '협력'이라고 한다. '책임'과 '성실'을 강조하던 시절에 비하면 많이 달라진 양상이다.

하지만 소통이 정말 잘 되고 있다고 말하는 개인이나 조직은 드물다. 서로 이해할 수 없다는 입장을 고수하며 관계가 틀어지는 일이 많다. 그 이유가 뭘까?

소통의 스킬 부족일 수도, 소통하려고 하는 사람과의 수직적 관계 때문일 수도 있다.

그러나 결국 소통의 이슈는 스킬이나 관계의 문제보다는 나와 그 사람의 특성이 서로 다르다는 것을 인정하지 않거나 인정하기 어렵기 때문이다.

어려서부터 운동을 좋아하고 종교 생활이나 동아리 활동을 많이 한 나는, 성격이 약간 외향적이고 사교적이어서 소통에 대한 두려움 같은 것은 별로 없었다. 그런데 직장생활을 하다 보니 소통의 어려움으로 인해 고민도 생기고 괴롭기도 했다.

정말 소통이 어려운 사람들이 있었다. 왜 그렇게 생각하고 왜 그렇게 행동하는지 이해가 되지 않으니 얼마나 답답한지…. 시간이 지나고 돌이켜보니 그건 소통 방법의 문제라기보다 그들의 생각과 나의 생각의 차이에서 오는 근본적인 문제였던 것 같다.

흔히 회사에서 사용되는 자원은 '사람', '돈', '시간'이라 한다. 그중에서도 '사람' 자원은, 어떻게 활용하느냐에 따라 그 조직의 성과에 가장 크게 영향을 주는 요소이다.

'사람' 자원을 잘 활용하려면 그 사람의 능력과 함께, 가지고 있는 본원적 기질적 특성을 파악하는 것도 중요할 것이다. 능력은 다양한 경험과 교육 등을 통해 육성할 수 있지만 기질적 특성은 잠재된 것이기에 어떻게 파악하느냐가 관건이다. 잠재된 기질적 특성을 파악하여 제대로 발현하도록 상황을 배치하면 엄청난 조직의 성과를 거둘 수 있기에 제대로 된 소통이 중요하다는 것이다.

내가 임원으로 일했던 시기에도 사람의 성격 특성을 진단하는 도구가 있었다. 하지만 그 결과를 업무에 잘 활용하지 못했다. 그래서 업무로 소통할 때는 물론이고, 업무시간 외에도 그들의 잘 드러나지 않는 기질적 특성을 파악하기 위해 많은 노력을 기울여야 했다.

예를 들면 같이 축구 시합을 하면서, 그들이 어떤 포지션에서 어떤 플레이를 하는지 관찰하였다. 어떤 친구는 중앙에서 수비를 주로 하며 공격진에게 볼을 안정적으로 배급하는 역할을 즐기고, 또 어떤 친구는 화려한 플레이로 골을 넣는 것에만 집중한다.

시합이 끝난 후 승패에 상관없이 상대 팀 선수와 어울리는 친구가 있는가 하면, 패하고 나면 인사도 없이 경기장을 떠나는 친구도 있다.

술자리에서는 자기가 얼마나 일을 열심히 하고 있는지 열변을 토하는 친구가 있는가 하면, 조용히 잔에 술만 따라주고 제자리로 돌아가는 친구도 있다.

건배사를 주창하라 하면 오로지 '위하여!'밖에 못 하는 친구가 있는가 하면, 이름 석 자로 즉흥 삼행시를 만들어 건배를 제의하는 친구도 있다.

노래방에 가면 늘 자기가 부르던 노래만 고집하는 친구가 있는가 하면, 신곡이 나왔다며 못 불러도 도전하는 친구가 있다.

포커 게임을 해보면 본인 패가 좋은 패로 완성될 때까지 배팅을 안 하는 친구가 있는가 하면, 원하는 카드가 나올 확률을 따져 가며 배팅을 하는 친구도 있고, 상대방의 표정을 살피는 것에 집중하며 배팅을 하는 친구도 있다.

이렇듯 업무 시간 외에 관찰한 구성원의 모습을 통해 그들의 기질 특성을 파악하고자 노력했던 것이다. 그런 노력 덕분에 용병술에 능한 리더라는 평가를 받으며 승진도 하였고, 같이 일하던 구성원들의 성장에도 큰 도움을 줄 수 있었다. 그 이후에도 사람의 다름을 파악하고 거기에 맞는 소통에 관심을 갖고 살아왔다.

직장을 그만두고 코칭 공부를 시작한 것도 소통의 흥미진진한 매력 때문이었고, 지금도 서로의 다름을 어떻게 파악하고 어떻게 코칭에 적용할까 하는 고민을 계속하고 있다. 그러던 중 뇌과학 기반의 Emergenetics라는 진단 도구를 접할 기회가 있었다. Emergenetics는 Emerge와 Genetics 두 단어의 합성어란다.

즉 '유전적인 요소가 나타난다'는 의미로, 뇌과학·심리학·교육학 세 분야의 전문가들이 모여서 개발한 기질 특성 진단 도구이다. 이 진단 도구는 "당신의 성격 또는 특성이 이렇다."라는 설명에 그치지 않고, 내가 어떤 사람과 관계를 맺을 때 그 기질 특성이 상대적으로 어떻게 발현되는지를 알기 쉽게 설명해 주고 있었다. 즉, A가 B와 일해서는 50의 성과를 내지만, C와 일해서는 90의 성과를 낼 수 있는 것도 A와 B, A와 C의 관계 Profile이 다르기 때문이다.

이머제네틱스는 사람의 기질 특성을 '생각 성향'과 '행동 성향'으로 구분하여 설명한다.

'생각 성향'은 '분석적', '체계적', '사회적', '개념적' 성향이다.

'Why?'라는 질문으로 시작하는 '분석적' 성향은, 논리적이고 객관적인 데이터를 기반으로 목적과 당위성을 항상 먼저 생각하는 성향이다.

'How?'를 먼저 생각하는 '체계적' 성향은, 자세한 실행 방법을 먼저 고려하고 빈틈없는 일 처리를 중요하게 여긴다.

'With whom?'은 '사회적' 성향의 사고이다. 그래서 사람에 대해 관심이 많고 사람과 같이 일을 할 때 에너지를 받는다.

'Anything new?'의 사고 체계를 가진 '개념적' 성향의 사람은, 늘 새롭고 도전적인 것에 더 관심을 가지며 꿈꾸는 것을 좋아한다.

'행동 성향'은 '표현', '주장', '유연성'이다.

'표현'은 주고받는 대화의 양을, '주장'은 나의 의견을 밖으로 내세우는 속도와 강도를, '유연성'은 다른 사람의 의견을 쉽게 받아들이는 정도를 의미한다.

이 성향들을 바탕으로 앞서 구성원을 직접 관찰한 예시와 비교하면 더 흥미로운 설명이 가능하다.

축구 시합을 끝내자마자 바로 돌아가 버리는 사람은 오로지 승패에 관심을 둔, 목적 또는 목표가 중요한 '분석적' 성향의 사람이다. 하지만 끝나고 상대 팀 선수와 어울리는 친구는 승패보다 사람에 관심이 많은 '사회적' 성향의 사람이다.

노래방에서 그동안 자기가 불렀던 노래만을 고집하는 사람은 안정을 중요시하는 '체계적' 성향의 사람이고, 새로 나온 곡을 찾아서 부르는 사람은 '개념적' 성향의 사람이다.

건배를 외칠 때 단지 '위하여!'만 외치는 사람보다는 이름으로 삼행시를 지어 건배를 제의하는 사람이 '개념적' 성향에 있어 더욱 창의적이며, '표현' 성향에 있어 적극적인 표현을 하는 사람일 것이다.

술자리에서 옆에 다가와 늘 자기 이야기를 늘어놓는 사람은, 잔만 따르고 제자리로 돌아가는 사람에 비해 '행동 성향' 중 '표현'에 있어 상대적으로 강도가 센 편일 것이다.

이렇듯 업무 시간 외의 상황에서 보여 주었던 그들의 기질 특성이 Emergenetics 관점에서 설명 가능한 것이다.

얼마 전 현재 임원인 후배들을 만날 기회가 있었다. 그때 "너희는 정말 좋은 세상에서 리더 역할을 하고 있다. 리더의 덕목은 구성원을 육성하고 성장시킴으로써 조직의 성과로 올리는 것인데, 이머제네틱스 같은 진단 도구가 있으니 얼마나 좋은가. 최대한 구성원의 능력과 기질 특성에 맞는 업무를 부여하고 관리한다면, 구성원 개인의 성장과 조직의 성장을 모두 이룰 수 있으니 말이다. 예전엔 마땅한 진단 도구가 없어서 업무 외의 시간까지 투자하며 기질 특성을 파악하려고 무진장 노력해야 했다."라고 꼰대처럼 말했다.

또 대기업의 임원을 코칭하면서 이 Emergenetics 진단 도구를 활용하기도 하였다.

몇 명의 구성원과 임원이 진단에 함께 참여한 후, 그 결과 Profile을 놓고 코칭을 진행하였다. 그 임원은 그 구성원들의 기질 특성을 이해하고 그것에 맞는 소통과 업무 지시를 하였더니 본인과 구성원 모두가 만족할 만한 결과를 얻었다 하였다.

그 임원은 이를 두고 '맞춤형 리더십 발휘'라고 표현했다. 이러한 코칭 사례들은 이 책을 쓰는 데 큰 용기를 주었다. 모든 리더들이 이런 '맞춤형 리더십'을 발휘할 수 있다면 얼마나 좋을까, 모든 구성원이 일하는 맛, 소통의 맛을 느끼며 성장의 기쁨을 느낀다면 얼마나 좋을까 하는 생각에 글을 쓰게 된 것이다.

내가 어떤 기질을 가지고 태어났느냐를 정확히 안다는 것은 중요한 일이다. 하지만 더 중요한 것은 어떤 기질을 가진 사람과 만날 때 그 고유함이 어떻게 발휘될 수 있는가이다.

이 책은 여러 규모와 형태의 그룹 속에서 살아가고 있는 '나'만이 갖는 그 고유한 특성이 어떻게 이해되고 발휘되는가에 대한 이야기이다. 그중에서도 특히 직장이라는 그룹 내 많은 관계 속에서, 개인의 기질 특성과 조직의 성과가 어떻게 연결될 수 있는가를 보여주려고 한다.

목차

1장. 직장에서도 뇌 궁합은 필요한가?

가. 궁합 맞추기가 힘든 사람들   14

나. 그래도 궁합을 맞춰야 하나?   25

2장. 결국 일할 때도 뇌 기질이다?

가. 능력보다 뇌 기질을 더 고려해야 하는 이유   29

나. 뇌 기질은 어떻게 파악할까?   31

다. 뇌과학 기반의 진단   34

라. 이머제네틱스 진단 도구란?   35

3장. 이럴 땐 도대체 어떻게 해야 돼요?

가. 업무 분장   49

신입 사원 OJT   50

FT 선정   52

협업 파트너 선정   54

추가 인력 배치   56

업무 멘토링   58

야생형 인재의 활용   60

인재 영입   62

권한 위임   64

업무 확장을 통한 육성   66

업무 변경 및 육성   68

타 부서 파견   70

나. 팀 목표 설정   72

다. 동기부여   74

　　보상   74
　　단합 대회   76
　　가족 초청 행사   78

라. 회의   81

　　활발한 토론 문화   82
　　실적 점검 회의   84
　　아이디어 회의   86
　　보고   88

마. 의사 결정   91

　　결정 지연   92
　　의사 결정의 방향 정렬   94

바. 해외 출장   96

사. 고객 응대   99

아. 평가 및 피드백   102

　　평가 면담   103
　　평가 오류   104
　　관찰 및 피드백   106

4장. 다름을 인정하고 시너지를 올리려면?

+ 부록

가. 등장인물 소개   120
나. 이머제네틱스 보충 설명   127

1장
직장에서도 뇌 궁합은 필요한가?

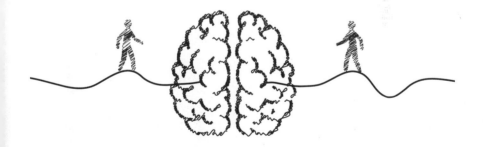

가.

궁합 맞추기가 힘든 사람들

사람 사이에서 서로 의견이 일치되고, 무엇을 해도 손발이 척척 맞고, 같이 하면 시너지도 발생하는 사이를 말할 때 '궁합이 잘 맞는다'는 표현을 종종 쓴다. 여기서 말하는 궁합은 서로의 성격이나 생각이 일치되는 정도를 의미한다.

직장이라는 집단도 사람이 모여서 운영하는 그룹이니 당연히 인간관계에 있어 나랑 궁합이 맞는 사람이 있고 없고의 이슈가 분명히 존재할 것이다. 특히 회사는 사적인 관계의 모임이 아니라 동일한 목적 하에 성과를 만들기 위한 집단이기 때문에 궁합의 여부는 더 중요할 것이다. 그런데 여기서 문제는 궁합이 안 맞는다고 할 때 어떻게 할 것인가이다. 원하지 않아도 늘 마주쳐야 하는 그 사람과의 관계를 어떻게 해결할 것인가 말이다.

그럼 잠깐 생각을 해보자. 그런 관계 속에서의 갈등은 누구의 잘못 때문인가? 나의 잘못이라고 생각한다면 조금은 문제 해결이 쉽겠지만 대부분의 경우 나보다 상대의 잘못이라고 생각한다. 하지만 상대는 그것을 인정하지 않을 것이다. 오히려 그는 나를 도저히 수용하기 어려운 사람이라 여기고 있을지 모른다. 이때 중요한 것은 나의 어떤 요소가 그와 안 맞는가를 생각해 보는 것이다. 그것이 정말 옳고 그름의 문제인지 아니면 나와 다른 그의 특성 때문인지 말이다. 즉 나의 특성은 무엇이고, 그의 특성은 무엇이라서, 어떤 상황에서 그것이 늘 부딪히는지를 파악해 보자는 것이다.

　여기서의 특성은 선천적인 특성과 후천적인 특성으로 나눌 수 있다. **선천적 특성**은 말 그대로 태어날 때부터 가지고 나온 기질을 의미하며, 후천적 특성은 자라온 환경 속에서 여러 학습과 경험을 통해 형성된 특성이라 할 수 있다. 사실 깊이 따지고 보면 많은 갈등의 원인은 후천적 특성보다는 선천적 특성 즉, 기질 특성 때문일 것이다.

　만약 상대방의 그 기질 특성을 정확히 알 수 있다면 그저 피하거나 부딪히기보다는 서로 조금씩 조절해 볼 수 있는 여지가 있지 않을까? 이른바, '뇌 궁합'을 잘 맞춰 볼 수 있지 않을까?

　지금부터는 직장 내에서 종종 볼 수 있는 여러 유형의 사례를 통해 두 가지를 생각해 보자. 그들에게 어떤 기질 특성이 있길래 그런 말과 행동을 하는 건가? 그 기질 특성 때문에 다른 사람과 갈등을 빚는다면 해결 방법은 정말 없는 것일까?

: 이걸 왜 해야 되냐고?

상사가 일을 시키면, "이걸 왜 해야 되나요?"라고 묻는 직원이 가끔 있다. 그러면 대부분의 상사는 '시키면 시키는 대로 하지 왜 하냐고?' 이런 생각을 하며 불쾌한 표정을 짓는다. 하지만 다시 생각해 보면 이 질문은 저항의 질문이라기보다는 일의 목적, 또는 필요성을 정확히 이해하고자 하는 질문일 수도 있다. 이런 질문을 하는 사람은 그 일의 목적과 필요성이 이해되어야 비로소 추진 방법을 찾는 유형일 것이다.

이런 유형의 사람은 자세한 실행 계획을 작성하기 전에 일의 목적에 맞는 개괄적인 프레임을 먼저 잡아놓고 시작할 가능성이 높다. 그리고 가급적 객관적이고 합리적인 데이터를 근거로, 일의 시작 전에 간단하고 명료하게 개념과 방향성을 정리하려고 할 것이다.

이런 기질 특성을 이해하지 못하면 그 직원에 대해 늘 상관에게 대드는 예의 없는 사람으로 평가할 수 있고, 일의 시작도 상대적으로 늦은 편이라 추진력이 떨어진다는 오해를 할 수도 있다.

하지만 그런 유형의 사람일수록 일단 방향성이 정리되면 의외로 무섭게 추진하는 것을 종종 볼 수 있다.

나 또한 본부장으로 재직하고 있을 때 본부 회식 자리에서 이런 'Why?'형의 질문을 던지는 팀원을 경험한 적이 있었다. 순간 '하필 이런 자리에서 이런 질문을 하나?' 라며 매우 불쾌하게 생각했다. 그렇지만 감정을 억누르고 어떤 부분이 이해가 안 되는지를 물었다.

그는 우리 본부가 선택할 수 있는 여러 옵션 중에서 왜 굳이 지금의 옵션을 선택하였는지 이해가 되지 않는다고 했다. 상황이 번잡한 본부 전체 회식 자리였기에 나중에 사무실로 오라고 해서 그가 이해하지 못했던 점을 설명하였다.

설명을 들은 후 그는 얼굴이 환해지면서 이제야 이해가 되었고 일을 시작할 수 있겠다고 말했다. 이후 그의 일은 다른 사람보다 훨씬 빠르게 진행되는 것을 볼 수 있었다. 이러한 기질 특성을 가진 사람은 주위에 많다. 간혹 너무 사무적인 것 같아 밥맛없다고 평가절하 하는 사람도 있지만 모두가 그렇게 생각하지는 않는다.

: 대리 같은 우리 전무님

간혹 보고할 때 보고서의 오타를 지적하거나 업무 지시를 하면서 아주 세세한 부분까지 실행 지시를 하는 임원을 만나는 경우가 있다. 그 상사는 보고자의 지위에 상관없이 누구에게나 신입 사원 교육하듯 대한다. 임원에 보고하는 사람들은 대체로 신입 사원은 아닌데도 그렇게 한다. 보고자는 이 보고서의 내용이 우리의 사업 전략 방향과 일치되는지 또는 이 사업에 들어가는 비용을 허가해 줄 수 있는지 등 큰 관점에서의 의견 또는 결정을 원한다. 설령 빠진 내용이나 오타가 있다 하더라도 업무에 문제가 될 정도로 중요한 것이 아니었기에 결재 과정을 거쳐 여기까지 온 것 아닌가. 그래서 신입 사원에게 보고서 쓰기 교육을 하는 사수나 대리 같은 임원을 상대하게 되면 정말 갑갑하고 답이 없다고 느낀다.

하지만 그런 부류의 임원은 생각이 좀 다를 수 있다. 아무리 사소한 것이라도 기본이 매우 중요하고, 아무리 취지가 좋아도 실행으로 완성되지 않으면 의미가 없다고 생각할 수 있다. 모든 일에 있어서 될 수 있으면 시행착오 없이 완벽하게 마무리되는 것이 매우 중요하다고 여기는 것이다. 또는 과거에 작은 부분을 놓쳐 큰 낭패를 본 경험이 있었다면 더 그럴 수 있다.

이런 임원은 오히려 상대하기가 쉽다. 오타가 나면 고치면 되고 디테일하게 지시하면 그대로 따르면 된다. 그러나 늘 그렇게 할 순 없지 않나. 그래서 이런 분에게 결재를 받고자 할 때는 완벽한 보고서나 기획안 작성 이전에, 먼저 방향 결정을 위한 자료를 만들어 그분의 생각을 여쭤보면 된다. 그리고 나서 방향이 결정되면 자세한 실행 계획서를 작성하여 다시 보고하는 방법이 좋을 것이다. 그런 상사에게 무작정 미완성된 보고서를 들이밀고 개념적인 설명만 늘어놓는 직원이 있다면 신뢰하지 못할 사람으로 평가될 가능성이 높다.

: '너만 믿는다' 그 한마디에 목숨을 걸다니?

인간은 누구나 인정받고자 하는 욕구가 있다. 직장 동료 중에도 상사로부터의 인정을 직장 생활의 에너지 원천으로 삼는 사람들이 있다. 그렇다고 상사로부터 '난 너만 믿어' 이 한마디로 죽도록 충성하는 사람이 있다면 이해가 되는가?

하지만 생각보다 많이 있다. 그런 사람은 일 중심의 사고보다는 사람 중심의 사고를 하는 사람이다. 그래서 사람에 대한 직관력이 뛰어나고 다른 사람에 대한 배려가 깊다. 혼자보다 같이 일을 할 때 더 에너지가 올라가고 사람들과의 대화 속에서 많은 힘을 얻는다.

MBWA(Management By Walking Around: 현장 방문 경영 방식)라는 용어가 있다. 이것은 조직의 리더가 자기 사무실에 앉아서 구성원들이 들어와 보고하기만을 기다리지 말고 구성원들에게 다가가 대화도 나누고 필요시 결정도 내려주고 좀 더 능동적으로 리더십을 발휘하라는 개념의 용어이다.

나도 임원 재직 시 때때로 구성원 자리로 나아가 이런 저런 대화도 나누고 격려를 하기도 했다. 그러면 어떤 구성원은 내가 자기 자리로 가기까지 기다리지 않고 나에게 달려와 반갑게 인사를 한다. 그러면서 "시간 되시면 저녁 사주세요.", 아니면 "피자 한 판 쏘시죠." 등 살가운 대화를 거리낌 없이 한다. 단순히 외향적인 성격이라기보다는 사람과의 관계에 관심이 많은 친구인 것이다. 이런 구성원이야말로 백 마디 말보다 '난 자네만 믿는다'는 믿음의 표시가 최고의 동기부여가 된다.

이런 특성을 가진 사람을 잘못 이해하면, 너무 아부를 한다든지 아니면 일은 안 하고 사람 관계로만 모든 문제를 해결하려 한다는 등의 부정적인 평가를 할 수 있다. 그가 그런 부정적인 평가를 받는다면 얼마나 억울할까? 이런 특성의 구성원은 혼자서 하는 일을 시킬 때보다, 다른 사람과 협업이 필요한 업무를 부여할 때 더 좋은 성과를 낼 가능성이 높다.

: 이거 말고 새로운 거 없어?

열심히 머리를 굴려 나름 멋진 기획(안)을 작성하여 보고했더니 "이거 말고 새로운 거 없어?"라고 말하는 상사가 있다. 그분은 어떤 기획안을 작성해서 올려도 이 말을 반복한다. 그래서 그 전에 인정받았던 사업 기획(안)을 다시 들고 가도 예외 없이 그 말을 한다. 지난번에는 분명 만족한다고 했는데 말이다.

이런 유형의 사람은 같은 것의 반복을 제일 싫어한다. 좀 더 새롭고 도전적인 것에 관심이 많다. 다른 사람들이 모두 이 방법이 좋다고 해도 좀 다른 방법이 없을까 늘 고민한다. 그래서 가끔은 '꿈 많은 소년'이라는 소리를 듣기도 한다. 상사가 그런 사람이라면 매우 피곤할 것이고 직원이 그런 사람이라면 항상 불안할 것이다. 그러나 그런 창의적이고 도전적인 사람 덕분에 세상은 변하고 더 발전할 수 있다. 직장에서도 그런 사람이 필요한 부서나 업무는 틀림없이 있다.

: 회의할 때 혼자 떠들고는 왜 의견을 말하지 않느냐니?

컨설팅했던 어느 중소기업의 사장님이 말씀하시길, 회의를 하면 직원들이 너무 한심하게 느껴진다. 이유를 물었더니 회의 시간에 사장 본인만 말하고 임원을 비롯한 다른 직원들은 입을 다물고 있단다. 아무 생각이 없는 것 같아 화를 내기도 했다고 한다. 그래서 직원 면담을 하면서 직원들에게 왜 회의 때 말을 안 하냐고 물었다. 사장님이 워낙 말씀을 많이 하셔서 말할 기회가 별로 없다는 것이다. 주로 지시를 하는 편이시고, 다른 의견이 있어서 말씀을 드리면 내 말뜻을 이해 못 해서 그런다고 다시 처음부터 설명하신단다. 회의 때만 말씀이 많으신가 했더니 임원들과 식사 자리에서도 본인 얘기만 하신다. 얼굴 표정은 환하고 신이 나서 말씀을 끊을 수가 없다.

기질 특성 중 말을 많이 하면서 에너지를 얻는 사람이 있다. 반대로 혼자서 조용한 시간을 즐기는 사람도 있다. 조용한 사람 입장에서는 말이 많은 사람이 매우 수다스럽다고 느낄 것이고, 말이 많은 사람은 조용한 사람의 생각을 알 수 없어 답답하고 심지어는 음흉하다고까지 생각할 수 있다.

이처럼 어떤 생각을 갖고 있느냐도 중요하지만 이 생각을 다른 사람과 얼마나 교류하느냐도 태어날 때부터 가지는 기질 특성 중 중요한 요소이다. 말이 많고 적음을 옳고 그름으로 판단해서는 안되고 다만 서로의 차이로 인정해야 하는 것이다.

: 끝까지 저렇게 우기니 이젠 말하기도 싫다

회의를 하다 보면 여러 가지 선택지가 있는 경우가 많다. 그런데 가끔 자신의 선택이 옳다고 생각하고, 계속해서 강력하게 자기 의견을 말하는 사람이 있다. 그는 다른 사람을 무시해서가 아니라, 옳은 나의 생각을 빨리 전하고 싶은 마음이 커서 그런 것이라 한다.

반면에 다른 의견이 있지만 '끝까지 저렇게 우기는 사람하고는 말하기도 싫다'고 하면서 토론을 포기하는 사람도 있다. 하지만 그는 주장을 꺾은 것이 아니라 충돌을 피할 뿐이다.

주장이 강하다고 해서 꼭 고집이 센 것은 아니다. 때론 주장하다가도 다른 사람의 의견이 일리가 있다 하면 다시 한번 생각해 보는 경우도 많다. 그래서 주장이 강한 사람과 대화를 할 때는 규칙을 만들고 시작해야 한다. 시간을 정해 놓고 본인과 다른 의견을 듣도록 하면, 의외로 쉽게 그 부분은 미처 생각하지 못했다며 받아들이기도 하기 때문이다.

같이 일했던 임원 중에도 주장이 매우 강한 친구가 있었다. 평상시 공부도 많이 하고 고민도 많이 하는 임원이라 그의 생각이 옳은 경우가 많았다. 그러다 보니 회의 시간의 반 이상을 본인 주장을 펼치면서 다른 사람의 발언 시간을 빼앗는다. 그래서 규칙을 정해서 어느 일정 시간만 주장을 펼치고 나머지 시간은 다른 사람의 의견을 듣도록 하였다. 그 결과 어떤 경우에는 흔쾌히 다른 사람의 의견을 받아들이는 것이 아닌가? 즉, 그는 주장이 강한 것이지 고집이 센 건 아니었다.

주장이 강한 사람은 윗분을 상대로 하거나 규칙에 의해서 제지를 받지 않는 한, 토론 상황에선 항상 주장이 강한 모습을 보인다. 그 이유는 그것이 그의 기질 특성이기 때문이다. 그러나 주장이 강한 사람도 회사에 꼭 필요한 사람이다. 그가 그렇게 주장하려면 많은 시간을 들여 고민하기 때문이다.

: 아니 일단 결정을 했으면 끝까지 해봐야지 또 바꿔?

신중한 결론이 필요한 회의일수록 다각적인 관점에서의 검토가 필요하다. 그래서 긴 시간 동안 토론하고 정말 어렵게 결론을 내렸는데 "이런 변수도 고려해 봐야 하지 않겠어요?" 하며 다시 문제를 제기하는 사람이 있다. 그러면 '아니 일단 결정을 했으면 해보고, 문제가 생기면 그때 바꿔야지 정하자마자 또 바꿔?'라고 탐탁지 않게 생각하는 사람이 있는 반면에, 그 의견이 일리가 있으니 다시 한번 생각해 보자고 하는 사람이 있다. 그러면서 서로 생각하기를 '줏대가 없구나', '고집이 세구나' 하고 상대를 비판하기도 한다. 사실 이러한 특성도 잘 변하지 않는 기질 특성 중 하나이다.

이미 내린 결론도 재검토가 필요하다고 느끼면 다시 재고해 보자는 의견과, 결론을 내리지 못하고 계속 검토만 하기보다는 일단 해보고 잘못이 발생하면 그때 다시 답을 찾아보자는 의견 중, 절대적으로 맞는 의견은 과연 어떤 걸까?

위의 사례들을 통해 볼 수 있듯이 직장 내에서는, 아니 비단 직장만이 아니라 사람 사는 모든 곳에서는 정말 이해하기 어려운, 그래서 같이 일하기 싫은 '독특한' 사람들이 꽤 있다.

경력이 쌓여 승진해서 더 높은 자리에 올라가도, 나이가 들어 인생의 경험이 늘어나도 그 '독특함'은 잘 변하지 않는다. 그래서 그 특징은 이 세상에 태어날 때 갖고 나오는, 나이가 들어도, 상황이 바뀌어도 잘 변하지 않는 그들의 고유함, 즉 기질인 것이다.

그 각기 다른 기질이 존재한다는 것을 인정하지 못한다면 늘 '도저히 그 사람을 이해할 수 없어'가 될 것이다. 어쩌면 나와 늘 부딪히는 그 사람은 또한 나를 보며 "도저히 그 사람을 이해할 수 없어!"라고 말할지 모른다.

그래도 궁합을 맞춰야 하나?

얼마 전 한 중소기업의 CEO로부터 고민을 들은 적이 있다. 지난 20년간 같이 일해 온 부사장하고 의견 차이가 심하게 생겨 그를 그만두게 했더니 회사가 잘 안돌아 간다는 것이다. 그렇다고 다시 부르면 의견 차이 때문에 다시 다툴 게 뻔하고 그냥 가자니 회사가 조금 불안하다는 이야기이다. 그래서 어떤 의견 차이인가 물었더니 미래에 대한 방향 설정에 있어 의견이 다르고 평소 그런 전략적인 결정에 대해서 크게 고민하지 않는 듯 하다는 것이다.

그렇다면 부사장을 해고한 CEO의 결정은 옳은 걸까? 과연 해고만이 정답이었을까? 그 부사장에게 기대할 수 있는 역할은 무엇이었을까? 단지 나하고 궁합이 안 맞는다고 해서 그만두게 한 것이 맞는 것일까? 그의 약점보다 강점을 살려서 그 부분을 극대화할 수 있는 방법은 없었을까? 지금부터 그것을 같이 생각해 보자.

2장

결국 일할 때도 뇌 기질이다?

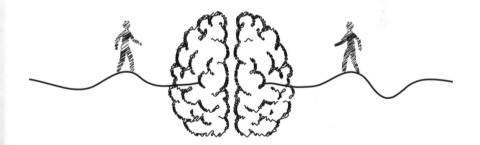

1장에서는 인간이 가지는 본원적이고 고유한 기질 특성 때문에 직장 내에서 서로를 이해하지 못하고 소통의 어려움을 느낄 수 있음을 설명하였다. 그러나 직장은 목표를 정하고 성과를 창출해야 하는 공동체이기에, 기질 특성이 달라 발생하는 소통의 어려움 또는 갈등을 이해하는 것만으로 만족할 수는 없다. 특히 리더는 구성원의 특성 차이를 발견해 내어 조직의 성과를 올리는 데 활용해야 한다. 그러면 구성원들이 가지고 있는 능력을 활용하는 것과 뇌 기질은 어떤 관계가 있을까?

능력보다 뇌 기질을 더 고려해야 하는 이유

우리는 리더의 여러 역할과 능력 중에서 인적 자원의 활용 능력을 가장 중요하게 생각해왔다. 그것은 결국 리더 자신의 능력과 구성원의 능력이 합쳐져 적절히 발휘되어야 원하는 성과를 거둘 수 있기 때문이다. 그래서 리더는 자신의 능력은 물론 구성원의 능력을 끊임없이 파악하고 부족한 부분은 보완하도록 해야 한다. 더군다나 다가오는 4차 산업 혁명 시대의 리더에게는 이 능력을 더 많이 요구하게 될 것이다.

4차 산업 시대의 인재는 '창의', '소통', '협력'의 요건을 갖춰야 한다. 이런 시대의 그런 인재들이 창의력을 충분히 발휘하고, 원활하고 활발한 소통을 통해 협력을 이루도록 업무 환경을 조성해야 한다는 의미이다. 그러려면 구성원들이 현재 보유한 능력 외에 그들이 본원적으로 가지고 있는 그들의 기질을 잘 파악하고 활용해야 한다. 소통의 어려움은 능력의 문제가 아니라 기질 특성의 차이에서 비롯되기에, 각자의 기질 특성을 이해하고 보유한 잠재적 강점을 발휘하도록 도와야 더 창의적인 사고를 이끌어 낼 수 있기 때문이다.

　게다가 Work and Life Balance를 중시하는 지금의 젊은 인력들이 주어진 시간에 좀 더 몰입하여 성과를 올리도록 하려면 그들의 기질적 강점에 초점을 맞춰야 한다. 몰입도를 높이려면 약점 보완보다는 강점에 초점을 맞춰 관리해야 한다는 연구 결과(Gallup strengths center 연구 결과 인용)도 있다. 그렇다면 그 기질 특성은 어떻게 파악하고 어떻게 활용해야 할 것인가?

뇌 기질은 어떻게 파악할까?

내가 임원으로 일할 때 가장 큰 고민은 인력의 활용이었다. 구성원들 각자에게 어떤 임무를 주어야 조직 성과를 올릴 수 있을지가 늘 고민이었다. 리더 입장에서는 늘 인력이 부족하다고 느낀다. 우수한 인력이 부족하거나, 인원 수 자체가 절대적으로 부족하다고 생각하는 경우도 있었다. 하지만 그럼에도 불구하고 조직의 목표는 달성해야 하기 때문에 인력의 효율적 활용은 늘 큰 숙제였다.

효율적으로 인력을 활용하기 위해서는 각 구성원들이 무엇을 잘하고 무엇을 하길 좋아하는지 파악하는게 중요했다. 그러나 그것은 생각보다 쉽지 않은 일이다. 무엇을 잘하는지는 업무 수행하는 모습을 관찰하면서 어느 정도 파악할 수 있었지만, 무엇을 하길 좋아하는지는 파악하기 어려웠다.

그 시기에도 사람의 성격 특성을 진단하는 도구가 있었다. 하지만 그 결과를 업무에 잘 활용하지 못했다. 그 이유는 그 진단 결과와 직장에서의 적용은 크게 관계가 없다고 생각했기 때문이다. 그래서 업무로 소통할 때는 물론이고, 업무 시간 외에도 그들의 잘 드러나지 않는 기질 특성을 파악하기 위해 많은 노력을 기울여야 했다.

예를 들면 같이 축구 시합을 하면서, 그들이 어떤 포지션에서 어떤 플레이를 하는지 관찰하였다. 어떤 친구는 중앙에서 수비를 주로 하며 공격진에게 볼을 안정적으로 배급하는 역할을 즐기고, 또 어떤 친구는 화려한 플레이로 골을 넣는 것에만 집중한다.

시합이 끝난 후 승패에 상관없이 상대 팀 선수와 어울리는 친구가 있는가 하면, 패하고 나면 인사도 없이 경기장을 떠나는 친구도 있다.

신입 사원으로 들어와서 팀 내 탁구왕이 되겠다고 업무 목표가 아닌 운동 목표를 크게 써 붙이고는 결국 그 해 탁구 우승을 차지한 팀원이 있는가 하면, 입사 첫해 내내 자신이 없다고 시키는 일 외에 아무것도 하지 않는 팀원도 있다.

술자리에서는 자기가 얼마나 일을 열심히 하고 있는지 열변을 토하는 친구가 있는가 하면, 조용히 잔에 술만 따라주고 제자리로 돌아가는 친구도 있다.

건배사를 주창하라 하면 오로지 '위하여!'밖에 못 하는 친구가 있는가 하면, 자기 이름 석 자로 즉흥 삼행시를 만들어 건배를 제의하는 친구도 있다.

노래방을 가면 늘 자기가 부르던 노래를 고집하는 친구가 있는가 하면, 신곡이 나왔다며 못 불러도 도전하는 친구가 있다.

포커 게임을 해보면 본인 패가 좋은 패로 완성될 때까지 배팅을 안 하는 친구가 있는가 하면, 원하는 카드가 나올 확률을 따져 가며 배팅을 하는 친구도 있고, 상대방의 표정을 살피는 것에 집중하며 배팅을 하는 친구도 있다.

이렇듯 업무 시간 외에 관찰된 구성원의 모습을 통해 그들의 기질 특성을 파악하고자 노력했고 그것을 바탕으로 그들이 잘할 수 있는 업무를 부여하고자 했다.

하지만 직장을 그만두고 몇 해 지나지 않아서 사람의 성격 특성 또는 업무와 관련된 많은 진단 도구가 있다는 것을 알게 되었다. 특히 코칭을 공부하면서 여러 진단 도구를 접할 기회가 있었다. 그리고 그 진단 도구마다 특징이 있고 사용 목적에 따라 매우 유용하게 적용할 수 있음을 알게 되었다. 알고 나니, 과연 어떤 진단 도구가 회사에 가장 적합한가를 계속 고민하게 되었다.

그 결과로 회사에서 인력 활용을 효율적으로 하고 조직 성과를 높이는 데 제일 적합하다고 생각되는 진단 도구를 소개하고, 직장에서 발생되는 여러 상황 속에서 리더가 고려해야 할 요소는 무엇인지를 같이 나눠보고 싶었다.

다.

뇌과학 기반의 진단

그동안 많은 교육학자와 심리학자가 각 사람의 특성을 파악하기 위한 노력을 해왔고 그 결과 많은 진단 도구가 개발되었다. 우리가 많이 들어 알고 있는 MBTI 진단부터 DISC, 애니어 그램, 버크만 등 지금까지 많은 진단 도구가 개발, 사용되었다.

1980년대부터 뇌과학 분야의 연구가 활성화 되었다. 그 결과 1981년 로저 스페리라는 뇌과학자가 노벨상을 수상하였으며, 그 이후에도 수많은 과학자들의 뇌과학 연구가 이어져 지금은 여러 분야에서 뇌과학이 적용되기에 이르렀다. 사람들의 심리를 이용한 마케팅은 물론이고 의학 분야에서는 어떤 병에 걸릴 확률이 큰지를 알 수 있는 경지까지 왔다고 한다. 이와 아울러 사람의 성격 특성을 진단하는 교육 분야에도 뇌과학 기반의 연구가 진행되어 왔다. 그 결과 이머제네틱스 (Emergenetics) 진단 도구를 개발하여 적용하게 되었다.

라.

이머제네틱스 진단 도구란?

Emergenetics라는 단어는 Emerge와 Genetics라는 두 단어의 합성어라 한다. 즉 진단을 통해서 유전적인 요소를 나타내게 한다는 것이다.

다른 진단 도구와는 달리 이머제네틱스 진단 도구는 사람의 본원적인 기질 특성을 '생각 성향'과 '행동 성향'으로 나누어 설명한다. 즉 '생각 성향'이 비슷하더라도 이를 타인과 교류하는 '행동 성향'은 기질상 다를 수 있다고 설명한다. 또한 한 개인의 profile이 어떠하다에 그치지 않고, 그 개인이 속한 그룹 내 다른 사람과의 관계까지도 몇 장의 표로써 간단히 그리고 의미 있게 설명한다.

'생각 성향'은 사람의 뇌를 상징적으로 원으로 표시하고 4부분으로 나누어 설명한다.

원을 위, 아래 두 부분으로 나눌 때 윗부분은 '추상적', 아랫부분은 '구체적'인 사고를 의미한다. 다른 말로 표현하면 '숲'과 '나무'를 바라보는 관점에서의 사고방식으로 표현할 수도 있다. 즉 윗부분은 그림을 그릴 때 구도와 윤곽을 잡는다고 하면 아랫부분은 색을 칠하고 명암을 표현한다고 보면 된다.

또 원을 좌, 우의 두 부분으로 나눌 때는 좌뇌와 우뇌의 특성을 생각하면 된다. 좌측 부분은 '이성적'이고, '논리적'이며, 데이터 중심의 사고를 한다면, 우측은 '감성적'이고 '관계적'이며, '직관적'인 사고를 한다.

그런 특성을 고려하여 표현한 것이 아래의 그림이다.

▸ 분석적 성향 (Analytical)

위에서 설명한 '추상적' 사고와 좌뇌적 사고의 교집합인 상/좌 부분은 '분석적' 생각 성향이다. 즉 큰 그림을 그리면서도 이성적이고 논리적인 부분을 먼저 고민하는 성향이다. 핵심, 데이터, 요점, 목적, 합리, 논리, 필요성, 지적 등의 단어가 어울리는 생각 성향을 가진다. 이런 성향을 가진 사람은 항상 'Why'로 시작한다.

▸ 체계적 성향 (sTructural)

'구체적' 사고와 좌뇌적 사고와의 교집합인 원의 하/좌 부분은 '체계적' 생각 성향이다. 즉 실용적이면서도 구체적인 계획을 선호하는 성향이다. 이 성향과 어울리는 단어는 프로세스, 세부사항, 관리, 가이드라인, 규칙, 안전, 실행 계획 등이다. 이런 성향을 대표하는 단어는 'How'이다. 회사 업무 중에서는 반복적이며 꼼꼼한 일 처리가 요구되는 업무에 더 흥미를 가질 가능성이 높다.

▸ 사회적 성향 (Social)

'구체적' 사고와 우뇌적 사고와의 교집합인 원의 하/우 부분은 '사회적' 생각 성향이다. 즉 관계 지향적이면서 사람에 대한 직관이 뛰어난 유형이다. 이 성향과 어울리는 단어는 공감, 참여, 공동체, 협력 등이다. 혼자 일을 할 때보다 다른 사람과 같이 일을 할 때 더 에너지가 넘치고 생산성이 높을 가능성이 있다. 그래서 이런 특징을 나타내는 단어는 'With whom'이라 할 수 있다.

‣ 개념적 성향 (Conceptual)

'추상적' 사고와 우뇌적 사고와의 교집합인 원의 상/우 부분은 '개념적' 생각 성향이다. 항상 새로운 것과 도전적인 일에 흥미를 느끼며 비전을 중시 여긴다. 이 성향과 어울리는 단어는 비전, 가치, 새로운 시도, 창의성, 브레인 스토밍 등이다. 회사 업무 중에 신제품 개발을 한다거나, 신규 사업을 제안하는 등의 일에 흥미를 느낀다. 이런 성향을 대표하는 표현은 'Anything new?'이다.

‣ 선호도

사람은 4가지 '생각 성향'을 모두 소유하고 있다. 다만 각 개인별로 그 4가지 성향 중에 어떤 '생각 성향'이 더 많이 존재하느냐에 따라 그 기질이 다르게 나타날 뿐이다. 그중에 어떤 성향이 전체 100% 중의 23% 이상인 경우 그 해당 생각 성향에 대한 선호도가 있다고 표현한다.

예를 들어 분석적 : 체계적 : 사회적 : 개념적 성향의 비율이 25% : 13% : 12% : 50%인 경우 '분석적', '개념적'인 성향에 대해 선호도가 있다고 표현하며 그중 '개념적' 성향이 제일 선호하는 성향이고, 사회적 성향이 가장 선호하지 않는 성향이라 할 수 있다.

행동 성향 부록 그림2 참조

　'행동 성향'은 자신의 생각을 다른 사람과 교환하는 방식의 차이로서, '표현', '주장', '유연성'으로 나누어 설명한다.

　강도와 속도의 정도를 0에서 100으로 정한다면 적은 쪽의 3분의 1, 즉 0~33까지는 1지점이라 하고 67~100까지를 3지점이라 하여 그 정도의 차이를 설명한다. 34~66까지의 중간 지점은 2지점으로서 상황에 따라 1지점 또는 3지점의 특징을 나타낸다.

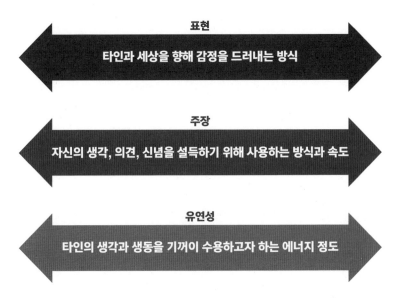

표현
타인과 세상을 향해 감정을 드러내는 방식

주장
자신의 생각, 의견, 신념을 설득하기 위해 사용하는 방식과 속도

유연성
타인의 생각과 생동을 기꺼이 수용하고자 하는 에너지 정도

▸ 표현 (Expressiveness)

1지점	2지점	3지점
경청·차분·심사숙고·내면		토론·대화·역동·외형·쾌활

'표현'은 타인과 자기생각을 교류할 때 얼마나 많은 양으로 교류하는가를 설명한다. 말수가 적고 감정을 잘 드러내지 않는 사람은 1지점, 말하는 것을 좋아하고 토론을 즐기는 사람을 3지점으로 나타낼 수 있다. 1지점의 Key word는 경청, 차분, 심사숙고, 내면 등이며, 3지점의 Key word는 토론, 대화, 역동, 외향, 쾌활 등이다.

▸ 주장 (Assertiveness)

1지점	2지점	3지점
조율·중재·평화		주도·갈등·추진·강력

'주장'은 자신의 생각이나 신념을 다른 사람에게 전달하려는 강도와 속도를 의미한다. 1지점의 사람은 타인과 논쟁을 꺼려해서 강하게 자신의 생각을 드러내지 않지만 3지점의 사람은 갈등을 빚더라도 자신의 생각을 강력하게 전달하고 추진하려 한다. 1지점의 Key word는 조율, 중재, 평화이며, 3지점의 Key word는 주도, 갈등, 추진, 강력 등이다.

‣ **유연성 (Flexibility)**

'유연성'은 위의 '주장'과 반대로, 타인의 생각이나 신념을 자신이 수용하는 정도를 의미한다. 1지점의 사람은 정해진 것에 집중하며 계획대로 진행하는 사람인 반면에 3지점의 사람은 새로운 정보를 선호하며 변화의 기회를 환영하는 사람이다.

1지점의 Key word는 확고, 확실, 획일 등이며, 3지점의 Key word는 수용, 개방, 변화 등이다.

▸ 각기 다른 Profile의 예

위에 설명한 이머제네틱스 Profile을 좀 더 쉽게 이해하기 위해, 다른 특성을 가진 두 사람의 예를 들어 설명하고자 한다.

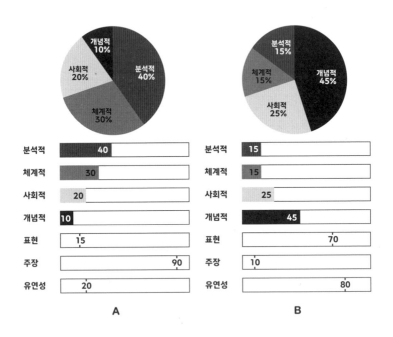

먼저 A의 Profile을 보자. 각 생각 성향의 분포는 그림과 같아 '분석적' 성향 (A)와 '체계적' 성향(T)만이 23%를 넘는 선호가 있다. 그러므로 그는 생각 성향으로 볼 때 AT 형이다. 행동 성향에 있어 '표현', '주장', '유연성'이 각각 15, 90, 20으로 1지점, 3지점, 1지점에 존재한다. 그러므로 행동 성향은 131로 표현할 수 있다. '생각 성향'과 '행동 성향' 모두를 표현하자면 AT 131로 표현한다.

AT 131 특징: 좌뇌적 사고를 즐기며, 어떤 일을 하든지 목적과 필요성이 정리되어야 일에 착수할 수 있다. 데이터에 근거하여 논리적으로 사고하는 것을 즐기며, 일단 목적과 필요성이 정리되면 꼼꼼하게 계획을 세워 실행하는 것도 중요하게 생각한다. 말을 적게 하는 편이지만 자신의 주장은 강하게 표현하는 편이고 일단 계획을 세우면 자주 바꾸지 않고 끝까지 밀고 나가는 것을 원칙으로 하는 사람이다.

B의 경우는 어떠한가? 생각 성향의 분포를 보면 '사회적' 성향(S)와 '개념적' 성향(C)만이 23%를 넘는 선호가 있다. 즉 SC 형이다. 행동 성향은 '표현', '주장', '유연성'이 각각 70, 10, 80으로 각 3지점, 1지점, 3지점이다. 종합하면 SC 313이다.

SC 313 특징: 일반적으로 우뇌형 사고를 가졌다고 한다. 항상 새로운 것에 관심을 갖고 창의적인 활동을 즐기며 다른 사람들과 차별화된 독창성을 가지고 싶어 한다. 그러면서도 사람에 대한 관심이 많아 다른 사람과 같이 있을 때 에너지가 올라가고 협업을 좋아한다. 말이 비교적 많은 편이지만, 다른 사람과의 갈등을 원하지 않아 자신의 주장을 강하게 하지 않는 편이다. 이미 결정한 사항이라도 더 좋은 의견이라고 생각이 들면 쉽게 생각을 바꾸기도 한다.

이렇듯 각 개인의 profile은 절대로 다른 사람과 동일하지 않는 고유성을 가지고 있다. 앞으로 팀장을 중심으로 한 직장 생활에서의 사례를 열거하면서 각기 다른 특성의 사람들을 등장시켜 그 안에서의 역동을 설명하고자 한다. 이때 AT 131 또는 SC 313과 같은 인물의 특성을 표현하는 이머제네틱스 용어를 사용할 것이다.

앞서 1장에서 예로 든 궁합 맞추기 힘든, '독특한' 기질의 사람들도 이머제네틱스로 설명할 수 있다.

첫 번째, 일을 지시할 때마다 '왜'를 묻는 직원은 4가지 생각 성향 중 '분석적' 성향의 사람이다. 그런 유형의 사람은 회의 시에도 논점의 핵심이 무엇인지를 중요하게 생각하고 논리적인 데이터와 근거를 가지고 큰 방향을 설정하는 데 관심이 많다. 예의를 지키느라 꼭 정리하고 가야 할 문제를 뒤로 미루는 법이 없어 가끔 융통성이 없다는 이야기를 듣곤 한다.

문서를 작성할 때도 서술식보다는 개조식으로 개념을 간략하게 정리하는 것을 선호하며 정에 이끌려 옳고 그름이 불명확한 사람을 제일 싫어한다.

두 번째, '대리 같은 우리 전무님'에서의 전무님은 '체계적' 성향의 사람이다. 전략보다는 구체적인 실행을 중요하게 생각하며 늘 일 처리도 꼼꼼하게 해야 마음이 놓인다.

사전에 모든 것을 자세히 계획하고 준비하는 유형이며, 계획에 없던 예외적인 상황이 발생하면 매우 불안해한다. 엉뚱한 제안을 통해 기존의 원칙을 파괴한다고 느끼면 싫어하고 꿈꾸는 몽상가를 제일 이해하지 못한다.

세 번째, '너만 믿는다'에 충성을 다하는 사람은 '사회적' 성향의 사람이다. 객관적인 데이터보다는 사람에 더 초점을 맞추며 의사 결정 시에도 사람의 경험을 중시한다. 눈치가 빨라 상사의 의도를 잘 파악하며 협업을 통한 과제 수행을 선호한다. 사람과의 대화 속에서 에너지를 얻고 직장의 분위기를 밝게 하려고 애쓴다.

요점만 얘기하자고 하는 사람을 제일 밥맛없다고 생각하며 "사람이 하는 일인데 안 될 게 뭐 있냐?"는 말을 자주 하는 사람이다.

네 번째, 늘 새로운 것을 요구하는 사람은 '개념적' 성향의 사람이다. 같은 것을 반복하기보다는 가능한 새로운 것에 도전하고 싶어 하고, 가능한 다른 사람과 차별되는 독창성을 추구한다. 그래서 때론 아이디어가 풍부하다는 말을 듣기도 하지만, 한편에서는 안정감이 부족해서 늘 불안하다는 말을 듣는다.

구구절절 설명하기보다는 이미지로 표현하기를 선호하며 신제품, 또는 신사업 개발 부서에서 자신의 아이디어 펼치기를 원하는 사람이다.

나머지 세 가지, 회의할 때 혼자 떠드는 사람, 끝까지 우기는 사람, 결정한 일을 자꾸 바꾸는 사람은 이머제네틱스의 '행동 성향'으로 설명될 수 있다. 회의할 때 혼자 떠드는 사람은 '얼마나 많은 양으로 소통하는가?'라는 '표현'의 양이 많은 것이며, 끝까지 우기는 사람은 '얼마나 나의 생각을 빠르고 강하게 전달하려 하는가?'라는 '주장'이 강한 것이다. 마지막으로 결정한 일을 자꾸 바꾸는 사람은 '얼마나 다른 사람의 의견을 수월하게 받아들이는가?'라는 '유연성'의 정도가 높은 사람이다. 결국 '표현', '주장', '유연성'이라는 3가지 행동 기질 특성이 상대적으로 강하게 나타날 때 갈등이 생기는 것이다. 이렇듯 어떤 '생각 성향'을 가지고 있느냐도 중요하지만, 그것을 다른 사람과 소통할 때 어떻게 전달하느냐는 행동 유형도 중요하다.

지금까지 이머제네틱스의 성향을 설명하기 위해 네 가지 '생각 성향' 중 한 가지 특성에 대해 예를 들었지만 대다수(90%)의 사람들은 둘 이상의 '생각 성향'의 선호도를 갖는다(Energenetics, LLC 1991 참조). 아울러 '행동 성향'의 조합도 매우 다양하기 때문에 그들 사이의 갈등의 양상과 해결 방법 또한 매우 다양하다.

3장에서는 직장 내 업무 수행 시 구성원들의 서로 다른 기질 특성이 어떤 형태로 나타나며, 그 상황에서 리더는 어떤 역할로 어떻게 대처하는 것이 문제 해결에 도움이 될 지를 사례를 통해 알아보자.

3장

이럴 땐 도대체 어떻게 해야 돼요?

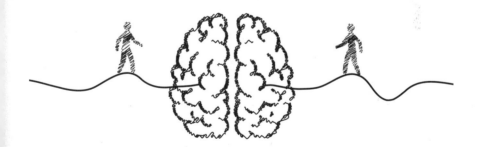

직장 일을 하다 보면 정말 다양한 업무를 수행하게 된다. 특히 팀의 리더는 팀원의 업무 분장부터 팀 목표 설정, 회의 운영, 의사 결정, 동기부여, 평가 및 피드백 등 정말 다양한 관리 업무를 수행하게 된다.

이 장에서는 팀장을 중심으로 한 여러 상황 속에서의 갈등 또는 고민을 다루고, 그 원인이 어디에 있고 어떤 해결책이 있을 수 있는지 이머제네틱스 특성 관점에서 살펴보기로 한다.

가.

업무 분장

팀장의 업무 중에서 가장 중요하면서도 기본이 되는 것은 주어진 인적 자원을 최대한 활용하는 것이다. 업무 분장을 잘못하면 일의 분배에 있어서 공백이 생기거나 중복이 발생되어 조직의 성과에 좋지 않은 영향을 끼친다. 또한 능력이나 경험과 무관한 업무를 할당하면 구성원의 성취감은 물론 개인 성과에도 악영향을 미친다.

업무 분장을 잘 하기 위해서 고려해야 할 요소는 너무나 많다. 팀의 목표를 달성하기 위한 일의 양을 예측해야 하고, 팀원 각 개인의 능력과 경험을 잘 파악해야 한다. 장기적인 관점에서 팀원의 육성과 함께 그들 개인의 경력 관리도 고려해야 한다. 하지만 이게 다가 아니다. 이 3장에서는 그동안 업무 분장 시 크게 고려되지 않았던 구성원의 기질 특성이 조직의 성과에 어떤 영향을 미치는지를 중점적으로 살펴보기로 하겠다.

업무 분장이 필요한 경우는 수없이 많을 것이다. 예를 들면 신입 사원 OJT(On the Job Training)부터, 팀 내 FT(Facilitator)선정, 과제별 구성원 간 협업 파트너 선정, 긴급 과제 수행을 위한 업무 조정 등이 그러하다.

지금부터는 제시된 업무 분장의 사례 속에서 드러나는 구성원의 기질 특성과 리더의 역할에 대해 생각해 보자.

▶ 신입 사원 OJT

팀에 신입 사원이 들어오면 당장 어떤 일을 시킬 것인가가 큰 고민이다. 일의 내용을 아직 잘 모르니 그저 교육만 할 수는 없고, 어떤 업무를 조금씩 수행하면서 일을 배우도록 해야 할 텐데 (OJT) 그게 그리 쉽지 않다. 더욱이 신입 사원 본인의 바람이 팀장의 생각과 다른 경우, 팀장은 더 곤혹스럽다. 이런 경우 팀장은 어떻게 해야 할까?

상황 **1**

이런 일을 시키려면 왜 나를 뽑았을까?

등장인물	서 팀장	T 133
	신 매니저 [신입 사원]	C 311

서 신 매니저, 오늘 회의 회의록도 잘 정리했죠? 다른 관련 문서도 읽어 보면 회의 내용을 이해하는 데 도움이 될 거예요.

신 네, 팀장님. 그런데 저도 사업 기획안을 작성하고 회의 때 제 아이디어도 발표했으면 합니다만….

서 이제 입사한 지 3개월이 안 되었으니 서두르지 마세요. 곧 기회가 올 거예요.

신 입사 때 기획 업무를 희망한다고 말씀드렸고 회사도 그런 일을 할 수 있을 거라 하셨는데….

서 천천히, 순서대로, 회의록 정리가 우선이야.

이런 상황이 되면 팀장은 팀장대로 신입 사원은 신입 사원대로 답답한 마음일 것이다. 신 매니저는 창의적이고 도전적인 것에 흥미를 느끼는 '개념적' 성향이며 하고 싶은 말은 주저없이 다 하는 사람이라, 입사 때 본인의 뜻을 정확히 표시했는데도 아직 기획 업무를 할 기회조차 못 얻는 것이 무척 실망스러울 것이다.

하지만 팀장은 규칙과 프로세스를 지키는 것을 중요하게 생각하는 '체계적' 성향이라 작은 경험을 통해 업무를 하나하나 배워 일 처리 능력을 올리는 것이 필요하다고 생각한다. 사실 기획 업무는 현장에 대한 많은 경험과 깊은 이해가 필요한 것이기 때문이다. 이런 것에 대한 충분한 설명이나 기회 부여 없이는 자기의 강점을 살려 회사에 이바지하고자 하는 신 매니저를 설득하기 어려울 것이고 급기야는 회사를 그만두는 일도 발생할 수 있다. 그러면 조직의 성과는 물론이고 우수 인력 확보와 육성에 실패하고 말 것이다.

이런 경우 두 사람의 특성을 고려하여 하나의 해결책을 고려해 본다면, 신 매니저가 본인이 생각하는 사업 기획안을 일단 쓰게 하는 것이다. 그리고 검토 과정에서 그 간의 히스토리와 현 상황에 대한 깊이 있는 이해가 기획안의 완성도에 어떤 영향을 미칠 수 있는가를 직접 느껴보도록 하는 것이다. 한 번 시행착오를 겪어보면 팀장의 마음도 이해가 갈 것이고 본인의 뜻도 존중받았다고 생각할 것이다.

만약 반대로 팀장이 개념형이고 신입 사원이 체계형인 경우는 어떨까? 이런 경우는 업무상 기질과 관련된 큰 문제가 발생하지는 않을 것이다. 왜냐하면 신입 사원은 처음부터 천천히 일을 배우려고 할 것이고, 개념형 팀장이라 할지라도 신입 사원의 이런 자세에 대해서는 큰 불만이 없을 것이기 때문이다. 만약 너무 오랜 시간이 흘렀는데도 시키는 일만 하려고 하지 않는다면 말이다.

이것은 즉, 서로 다른 두 유형의 인간이 어떤 위치에서 어떤 역할을 하느냐에 따라 소통의 방식과 갈등의 내용도 달라짐을 의미한다.

주: 부록의 등장인물 소개 참조

▶ FT 선정

팀을 운영하다 보면 팀 내 FT(Facilitator) 역할을 하는 사람이 필요하다. 아무리 작은 팀이라도 팀의 성격에 관계없이 팀 관리를 담당하는 사람이 필요하다. 팀 내 이슈에 대한 관리는 물론, 때론 타 부서와의 관계에서도 큰 역할이 필요할 때가 있다. 역할을 어떻게 하느냐에 따라 일의 양이 줄 수도 있고 터무

니없이 늘어나기도 한다. 또한 협업을 통한 성과가 나왔을 때 성과를 배분하는 것도 FT의 역할이다. 이럴 때 팀장은 누구에게 그 역할을 주어야 할까?

옆 부서와 부서 간 협업을 위해 이 매니저를 보내면 왜 항상 옆 부서는 협업이 잘 안 된다고 툴툴대나? 윤 매니저가 팀의 FT 역할을 할 때는 별문제 없이 잘했는데….

	남 그룹장	ASC 222
등장인물	이 매니저	AT 111
	윤 매니저	TS 333

남 이 매니저! 옆 팀에서 왜 이리 시끄럽게 불만을 쏟아내지? 이번 일을 같이하는 데 무슨 문제가 있나?

이 특별한 문제가 없는데요. 각자의 요구 사항을 메일로 교환해서 조정하자고 했는데요.

윤 제 생각에는 직접 만나서 바로바로 토론하고 각 부서의 역할 나누기를 원하는 것 같습니다. 메일로 주고받으니 답답하고, 조정하는 데 시간이 많이 소요된다고 생각하나 봅니다. 제가 FT일 때는 그런 식으로 했습니다.

이 시간을 맞춰 모이는 것도 힘들고, 굳이 모여서 떠들어야 하는 것도 아닌 것 같아서…. 다시 협의해 보죠.

이 매니저 입장에서는 억울할지 모른다. 메일로 의견을 조정하는 것이 무엇이 문제인가? 그는 흔히 말하는 좌뇌형 인간, 즉 '분석적'이고 '체계적'인 유형의 사람이어서 일의 목적에 맞게 문서로 일을 처리하고자 했을 것이다. 게다가 많이 말하는 것도 별로 좋아하지 않는 '표현' 1지점의 유형이니 말이다. 하지만 사전에 옆의 부서 FT와 협의 방법을 합의하지 않았을 가능성이 크다. 그러니 종전

의 방식대로 협의하기를 기대했던 상대 부서 FT는 불쾌하고 무시당했다고 느낄 수 있는 것이다.

이럴 때 리더는 고민해야 한다. 다른 사람과 협업해야 하는 경우 나의 방식을 고집하기 전에 상대의 일 처리 방식을 고려해야 한다고 이 매니저에게 가르치던지, 아니면 윤 매니저와 같은 유형의 사람으로 담당자를 교체해야 하기 때문이다.

▶ 협업 파트너 선정

맡은 업무 중에는 혼자 힘으로 할 수 있는 업무가 있다면 둘 이상이 협업해야 하는 업무도 있다. 이때 팀장이 일의 규모를 보고 이에 맞는 인원수만을 고려하여 인력을 배치한다면 일의 진도는 잘 안 나가고 내부에 갈등만 부추기는 경우가 종종 생긴다. 무엇이 문제일까?

상황 **3**

올해도 이 과제를 또 그 사람과 같이 수행하라고?

등장인물	이 매니저	AT 111
	지 매니저	SC 333

이 지 매니저님, 이번에 신제품 니즈 조사 기획서 봤는데, 아무래도 이렇게 단순한 설문조사나 인터뷰는 좀 아닌 것 같아요. 모집단도 너무 부족하고 계절이나 현재 사회 분위기 영향도 많이 받을 것 같습니다.

지 그래도 이번 신상품의 테마가 혁신적인 기술보다는 니즈 충족이니 사람들을 직접 만나서 대화를 해보는 게 좋지 않을까요? 그리고 그렇게 대화를 하다 보면 그들이 인지하지 못한 니즈들도 우리가 발견할 가능성도 있구요.

이 모집단 구성 자체가 쉽지 않잖아요. 지난번에도 지 매니저님 말씀대로 단순히 온라인 설문조사와 소수의 인터뷰만 진행하다 보니 그쪽에 접근성이 좋은 20~30대 위주로만 몰려서 제대로 된 데이터가 수집되지 않았어요.

지 그때와 테마가 조금 다르니 지금은 오히려 더 괜찮은 데이터가 모일 수 있을 거라고 생각합니다. 결국 사람이 대상인 제품 출시잖아요. 이 매니저님은 항상 그렇게 아니라고만 하시니 제가 다른 주장이나 의견을 어떻게 말씀드릴 수 있나요?

위의 상황 속에서 어떤 사람의 생각이 더 맞을지는 팀장이 판단하거나 회의를 통해 더 자세히 따져보면 될 것이다. 여기서의 문제는 '누가 옳은가'보다 '왜 이들이 항상 부딪히는가'이다. 이 매니저는 데이터 중심의 일 처리를 선호한다면, 지 매니저는 인간관계 중심의 일 처리를 선호하기 때문이다. 게다가 이 매니저는 평소 다른 사람의 의견을 잘 수용하지 않는 '유연성' 1지점의 사람이라 둘 사이의 감정적인 요소도 있어 보인다. 만약 그 일을 할 수 있는 사람이 두 사람밖에 없다면 팀장은 둘 사이에서 항상 중재자 또는 심판관 역할을 해야 할 것이다. 하지만 바꿔 생각하면 두 개의 다른 관점이 항상 존재하기 때문에 좋은 토론 분위기만 조성할 수 있다면 완벽한 의사 결정이 나올 수 있다. 팀장은 과연 어떤 방법을 택할 것인가?

▶ 추가 인력 배치

기존에 진행해 오던 과제와 달리 인력의 추가가 고려되는 새로운 과제가 생기면 팀장은 고민하게 된다. 인력을 이동하면 그 인력이 수행하던 과제에 지장을 초래할 수 있고, 그렇다고 있는 인원으로 그냥 알아서 하라고 하기에는 일이 좀 많아 보인다. 그런데 더 고민은 어떤 인력을 보강할 것인가이다.

상황 **4**

이 프로젝트는 규모가 크고 성격도 달라서 기존 담당자 투입만으로는 해결이 어려울텐데 어떻게 하지?

등장인물	서 팀장	T 133
	지 매니저	SC 333
	송 매니저	TS 311

서 송 매니저! 이 계약 검토해 봤나? 혹시 혼자 하기 벅찰까?

송 예, 팀장님! 회사 대 회사의 1:1 계약이 아니라 몇 개 회사가 컨소시엄 형태로 계약을 맺는 거라 고려해야 할 변수가 많네요.

서 그럼 누가 도와주면 좋을까?

송 예, 인간관계도 좋고 늘 아이디어가 풍부한 지 매니저가 도와주면 같이 잘할 수 있겠습니다. 자세한 내역은 제가 꼼꼼히 챙기면 되니까요.

서 그럼 둘이 같이 해 보게. 평소에는 잘 안 맞는다고 투덜대더니 이럴 땐 필요한 모양이지?

송 매니저 입장에서 평상시 지 매니저하고는 잘 안 맞는다고 생각했다면 왜 그랬을까? 아마도 일을 계획성 있고 천천히 처리하는 '체계적' 유형은 늘 새로운 것에 관심이 맞고 형식에 얽매이는 것을 좋아하지 않는 '개념적' 유형이 매우 안정적이지 않다고 생각했을 것이다. 하지만 일의 성격에 따라 위의 상황과 같이 오히려 그런 그들의 기질이 시너지를 내는 경우도 있다는 것이다.

나와의 차이 때문에 불편하기도 하지만 그 차이가 나의 부족함을 채워주는 것이기에 그래서 우리는 상대의 강점에 관심을 가져야 하는 것이다.

▶ 업무 멘토링

선배 사원과 같이 업무 수행을 하다 보면 한 수 배우기도 하고 지적을 받기도 한다. 그런데 이상하게도 누구와 같이 일하느냐에 따라 지적을 받아도 불쾌하지 않고 나의 의견도 잘 받아주어 신나서 일을 하게 되는 경우도 있고 그 반대인 경우도 있다. 나는 원래 나의 방식 그대로 일하는데 그들의 평가는 왜 다른가?

상황 **5**

박 매니저와 일할 때는 정말 일 잘한다는 소리를 들었는데 성 매니저는 왜 나하고 일하는 게 정말 힘들다고 하나?

등장인물	박 매니저	TS 222
	성 매니저	AC 113
	송 매니저	TS 311

송 박 매니저님, 나 요즘 정말 죽겠어요. 성 매니저님이랑 일하다 보면 내가 절에 있는지 회사에 있는지 구분이 안 간다니까요? 진행력이 느린 건 그렇다 치고, 대화가 없으니 대체 무슨 생각을 하고 계시는지 도저히 모르겠어요.

박 아휴, 송 매니저. 말도 마요. 나도 지난번 회의 때 단순히 그냥 의도를 물어봤는데 잠깐만 생각해 보면 바로 알 수 있는걸 회의 흐름 깨게 꼭 물어봐야 했냐고 혼났다니까요. 나도 송 매니저랑 일할 때가 제일 편하고 좋았는데… 앗! 저기 성 매니저님 오시네요.

송 성 매니저님! 지난번에 말씀하신 위기관리 프로세스에 대해 잠시 얘기 좀 나눴으면 하는데요….

성 아, 송 매니저. 그건 얘기보다는 자료 정리해서 파일로 보내주세요. 확인 후에 생각 좀 해보고 회신 드릴게요.

성 매니저는 개념과 핵심이 중요하고, 말보다는 문서로 일 처리를 하는 것을 선호하는 '표현' 1지점의 '분석적'이고 '개념적'인 성향의 사람이다. 하지만 송 매니저는 주위 사람들과 의논하면서 실행 방법을 먼저 찾는 '체계적'이고 '사회적'인 성향의 사람이다. 그러니 당연히 대화도 많이 하는 편이다. 두 사람이 다를 수밖에 없다. 박 매니저는 어떤가? 그는 송 매니저와 같은 유형의 사람이라 둘이 같이 일할 때면 그렇게 쿵짝이 잘 맞을 수가 없다. 송 매니저는 늘 박 매니저와 함께 일하기를 원할 것이다. 하지만 송 매니저가 파트너를 선택할 수 없는 위치라면 불평하기보다는 자신과 다른 스타일의 사람을 이해하도록 노력해야 한다. 그럼 처음은 힘들지만 그를 통해 배울 것이 분명히 있기 때문이다.

▶ 야생형 인재의 활용

같이 일하는 팀원 중에는 좋게 말하면 항상 창의적이고 독창적인 사람인데, 나쁘게 말하면 항상 엉뚱한 생각만 하고 규칙과는 관계없는 행동을 하는 이른바 '똘끼'가 넘치는 사람이 있다. 다른 표현으로 '야생형'이라 하기도 한다. 오랫동안 책임감과 성실성으로 인정받아 리더의 자리에 오른 팀장에게는 이들이 얼마나 골칫거리일까?

상황 **6**

우리 둘은 호흡이 잘 맞고 서로가 이해되는데 왜 다른 사람들은 우리보고 똘끼가 있다고 비웃지?

등장인물	최 매니저	C 111
	신 매니저	C 311

신 최 매니저, 이번 프로젝트 진행되는 거 봤어요? 아니 사람들 하는 게 너무 답답하지 않아?

최 그러게 말입니다. 예전에 했던 것들과는 다른 개념으로 접근해야 하는데 왜 항상 해오던 대로만 하는지 이해가 되지 않네요.

신 역시 최 매니저! 내 마음을 한 번에 알아맞히는 건 최 매니저밖에 없다니까요. 안 그래도 지난 번에 같이 프로젝트 할 때 호흡이 잘 맞아서 얼마나 좋았는지 몰라요. 지금 하는 걸 보면 속이 터져서 정말…. 대체 왜 새로운 시도를 해보려고 하지 않는 거죠?

최 한 번만 반대로 생각해 봐도 쉽게 해결될 일인데 말이죠. 답답하네요.

신 우리가 특이한 게 아니라 다른 사람들이 너무 이런저런 생각을 안 한다니까… 평범하게 가는 게 무조건 무난한 건 아닌데…. 그렇죠? 최 매니저?

최 네… 뭐…. 하하하, 그럼 전 이만 들어가 보겠습니다, 신 매니저님.

2차 산업 시대의 덕목인 책임과 성실로 무장한 현재의 이른바 꼰대 부서장에게는 전혀 이해가 되지 않는, 오로지 '개념적' 성향만이 존재하는 유형이 바로 '똘끼' 유형이다. 그래서 과거에는 직장 생활이 순탄치 않거나 버티기 어려워 일찍 퇴사한 사람도 있었다. 하지만 4차 산업 시대는 어떤가? 창의적이고 도전적인 사람들이 꼭 필요하단다. 새로운 사업을 계획해야 하는 부서에서는 오히려 그런 사람들을 모셔 가려 한다. 업무를 수행할 때도 이미 굳어진 고정 관념과는 다른 관점을 제시할 수 있는 사람이 항상 필요하기 때문이다. 과거에는 천덕꾸러기 취급받던 '똘끼' 유형이 필요해지고 환영받는 시대라니 세상 참 많이 달라졌다.

▶ 인재 영입

팀의 업무 영역이 넓어지거나 업무의 양이 많아지면 팀장은 당연히 인력 추가 확보에 나선다. 그래서 여기저기에 좋은 인력 없냐고 묻기도 하고 때론 추천을 받기도 한다. 다른 부서에서 유능한 사람이라고 인정받던 사람이 우리 부서에 와서도 같은 평가를 받을 수 있을까? 만약 그렇지 않다면 누구의 잘못인가?

상황 **7**

현장에서 매우 유능한 인재라서 본사 기획 부서로 영입했는데 왜 저러고 있지?

등장인물	서 팀장	T 133
	박 매니저	TS 222

서 박 매니저, 요즘 왜 이렇게 힘이 없어 보여요? 일에 집중도 잘 못 하는 것 같고.

박 아, 팀장님. 그게 저는 직접 몸으로 뛰고 사람 만나면서 부딪쳐야 더 이해도 잘 되고 진행도 빠른데, 이렇게 앉아서 해결하려니 도통 집중이 되질 않습니다.

서 그래도 현장 실무를 잘 아니까… 거기에 최적화된 내용으로 기획하기에는 박 매니저가 가장 적합하지 않겠습니까? 현장 이해도가 가장 높은 사람인데.

박 좋게 봐주셔서 감사합니다만, 저는 어떤 게 가장 적합할지 고민하는 것보다 당장 해보면서 필요에 따라서 움직이는 게 더 잘 맞는 것 같습니다.

대부분의 사람들은, 탁상공론이 아닌 실제 현장에 적용될 수 있는 기획안을 작성하려면 현장 경험을 꼭 한 번은 해봐야 한다고 생각한다. 맞는 말이다. 하지만 현장 경험을 많이 쌓았고 현장에서 높은 평가를 받았다 해서 본사 기획 업무를 잘 수행할 수 있다고 단정 지을 수 없다. 예를 들면 A 업무를 잘해서 높은 평가를 받은 직원에게 B 업무를 주었더니 헤매는 경우가 종종 있다. 그 이유는 새로운 업무에 대한 지식이 부족해서일 수도 있지만, 그의 기질 특성이 어떤 업무 수행에 더 최적화되어 있기 때문인 경우도 많다. 이럴 땐 그의 강점을 능력과 경험에서만 찾을 것이 아니라 그의 기질에서 찾아보면 어떨까?

▶ 권한 위임

리더의 역할 중에 가장 어려운 것이 권한 위임이 아닌가 싶다. 진정한 권한 위임은, 책임은 리더가 지고 그 업무의 추진 방향, 의사 결정 등은 모두 담당자가 수행하도록 위임해야 하는 것이기 때문이다. 그래서 많은 리더들이 위임하기를 꺼리고 위임을 하더라도 완전한 위임을 하지 못한다. 업무 추진 중에 생길 수 있는 돌발 변수도 걱정이지만 담당자의 능력을 과연 어디까지 믿고 맡길 것인가 주저되기 때문이다. 그런데 완전한 위임을 한다고 선언까지 하고 그러지 못하는 다른 이유가 있다면 그것은 무엇일까?

상황 **8**

위임을 하셨으면 좀 믿고 기다리시지, 왜 그러실까? 처음부터 나에게 맡기지 말고 이렇게 하라고 지시를 하시든지….

등장인물	서 팀장	T 133
	정 매니저	AC 331

서 그래서 정 매니저, 지금 진행이 얼마나 됐죠? 이번 주 일정 계획서를 혹시 볼 수 있나요?

정 아, 팀장님. 그게 지난주에 업체와의 미팅이 좀 안 좋게 끝나서, 이 기회에 새로운 업체를 물색하려고 생각중입니다. 그 때문에 이번 주간 일정이 좀 변경되었구요. 하지만 새로운 업체를 찾는 것이 그리 어렵지 않고 다른 사항을 병행해서 처리하면 당초의 목표 일정을 맞추는 데 문제는 없을 것 같습니다.

서 경험상 사소한 부분이라도 그렇게 급하게 변경하면 꼭 문제가 생기던데…. 미팅 때 어떤 문제가 있었는지 확인하게 회의록이나 보고서 좀 봤으면 좋겠네요.

정 아… 알겠습니다. 팀장님, 이번에 저를 한 번 밀어주신다고 담당자 자리도 주셨는데 제가 한번 멋지게 완성해서 보여드리면 어떨까요? 제가 중간중간 큰 내용들은 다 보고 드리고 있으니….

서 다 도와주려고 하는 거죠. 그리고 내가 다른 걸 요구하는 것도 아니고 이 정도는 다 프로세스 상에서도 챙겨놓고 있는 것들이잖아요.

일을 맡은 정 매니저는 지시받은 대로 성실히 일을 수행하는 유형이기보다는 본인이 방향을 설정하고 기존과 다른 방식으로 멋지게 일을 완수하고 싶은 '분석적'이고 '개념적' 성향의 사람이다. 그래서 일을 맡긴 팀장에게 고마워하며 신이 나서 본인의 작품을 만들고 싶었을 것이다. 하지만 서 팀장은 빈틈없이 꼼꼼하게 업무를 추진하려는 기질 특성을 가져 머리로는 위임한다고 하지만 막상 어떤 일이 발생하면 본능적으로 그의 기질이 나올 가능성이 매우 크다. 이런 특징을 가진 리더는 먼저 스스로에게 물어봐야 한다. 진정으로 위임을 원하는 것인가? 또 위임하려는 가장 큰 이유가 위임으로 인해 남은 에너지를 다른 데로

돌려 더 많은, 더 깊은 업무의 확장을 의도하는 게 아닌가 라고. 이런 이유 때문에 서 팀장 같은 리더도 권한 위임을 결정하는 것이다. 그러나 위임을 하고도 불안하고 걱정된다면 작은 규모의 일부터 위임하는 훈련을 하면 된다. 그러면 간섭할 일이 별로 없고 큰 걱정을 하지 않아도 되기 때문이다. 이런 작은 위임 훈련이 거듭되다 보면 좀 더 큰 위임이 가능할 것이다.

▶ 업무 확장을 통한 육성

경험과 능력이 쌓이면 그에 걸맞은 역할을 주어야 한다. 그것은 단순한 승진이라는 보상일 뿐만 아니라 더 큰 역할을 할 수 있도록 육성하는 것이기 때문이다. 어쩌면 그 사람의 잠재된 능력을 파악하기 위해서라도 좀 더 큰 역할을 줄 필요도 있다. 그런데 더 큰 역할을 주었더니 그간의 일 처리 방식과 다른 패턴을 보이는 사람이 있다. 이때 리더는 헷갈린다. 과연 그가 어떤 성과를 낼지 알 수 없기 때문이다.

상황 **9**

파트장이 되더니 딴사람이 되었네! 뭔 일이 있었나?

등장인물	남 그룹장	ASC 222
	정 매니저	AC 331

남 이번에 실적이 좋군요. 정 매니저. 요즘 무슨 좋은 일 있어요? 아니면 영양제라도 챙겨 먹나? 갑자기 사람이 달라 보이네.

정 감사합니다. 그룹장님. 딱히 그런 건 아니고, 제가 일을 찾아서 할 수 있게 되다 보니 일이 재미있더라구요. 업무에 대해 전반적으로 이해가 되니 뭘 해야 하는지도 정확히 알게 돼서 능률도 잘 오르구요.

남 자리가 사람을 만들었네. 잘 맞는다니 다행이군요.

정 네. 아이디어도 계속 떠오르고, 팀원들과도 즐겁게 소통하며 일도 나눌 수 있어 너무 좋네요.

담당자일 때는 시키는 대로 열심히 일하던 사람이 중간 관리자가 되면서 일 처리 방식이 달라지는 경우가 있다. 정 매니저는 일의 핵심을 파악하여 기존의 방식과는 다른, 창의적인 방식 찾기를 선호하는 '분석적'이고 '개념적'인 성향의 사람이다. 그러기에 그런 결정을 본인이 할 수 있는 위치에 오르니 더 신나게 그리고 더 높은 성과를 내며 일하게 된 것이다. 만약 그룹장이 그런 정 매니저에게 과거와 같은 방식으로 일을 지시하거나 그런 권한을 주지 않았더라면 그가 그렇게 능력을 발휘하는 모습을 볼 수 없었을 것이다. 그래서 리더는 지금의 자리에서 일하는 구성원의 모습을 관찰하면서 그의 숨겨진 능력이나 재능을 발견해내는 일도 해야 한다.

▶ 업무 변경 및 육성

중간 평가 시기가 되면 대부분의 리더는 목표와 현재 성과와의 차이를 점검하면서 목표 달성을 위해 더 노력해 주기를 부탁한다. 그런데 가끔 실적 외의 문제로 면담을 요청해 와 리더를 당황하게 하는 구성원이 간혹 있다. 그들이 만약 지금 수행 중인 업무의 변경을 요구한다면 팀장은 어떻게 해야 할까?

상황 **10**

그동안 말없이 시키는 대로 잘해서 그 일을 좋아하나 했더니… 내년에는 제발 완전 다른 일을 하게 해달라니?

등장인물	서 팀장	T 133
	최 매니저	C 111

서 아니 최근에 무슨 문제가 있었어요? 다른 팀원이랑 안 좋은 일이라도 생겼나요?

최 아닙니다. 팀장님. 그동안 말씀드릴까 말까 고민 많이 했는데 점점 버티기 힘들어 이제야 말씀드리네요. 일할 때마다 이걸 무슨 이유로 진행해야 되는지도 잘 모르겠고, 진부하기도 해서 제가 마치 단순 작업 기계가 된 것 같습니다.

서 그렇게 업무가 안 맞으면 진작 얘기를 하지, 왜 조용히 있던 거예요?

최 초반에는 그 속에서 뭔가 새로운 방법이 없을까 고민을 많이 했는데 단순 업무에는 장사가 없더라구요. 아무쪼록 창의적이고 아이디어 낼 수 있는 파트로 이동 부탁드리겠습니다.

평상시 말이 없어 특별한 불만이 없다고 여기던 사람이 불쑥 고민을 말하면 팀장은 정말 당황스럽다. 더군다나 그 고민이 당장 해결해 줄 수 없다면 더욱더 그렇다.

최 매니저는 평소 말도 적고 자기주장도 강하지 않은 '표현' 1지점, '주장' 1지점의 사람이다. 그래서 지금 하는 일이 아닌 다른 업무를 해보고 싶었어도 언젠가는 말해야지 하고 참았거나, 팀장이 알아차리고 먼저 물어봐 주기를 바랐을 것이다. 그는 말이 없었던 것이지 생각이나 욕구가 없었던 것은 아니다. 이런 유형의 구성원이 한 번 폭발하면 수습하기 어려운 경우가 많다. 그래서 팀장은 힘들다. 비록 말이 없고 주장이 강하지 않아도 구성원이 원하는 것이 있다면 그것이 무엇인지를 파악해야 하기 때문이다. 사실 팀장이 '표현' 3지점의 사람이었다면 사전에 대화를 많이 유도해 그의 욕구를 알아차렸을지도 모른다. 이런 욕구를 사전에 발견해 내는 방법은 여러 가지가 있다. 회식 자리에서 가볍게 화제를 꺼낼 수도 있고 정식으로 메일을 통해 애로 사항이나 건의 사항을 받을 수도 있다. 하지만 팀장이 그런 것에 관심이 없다면 그런 방법도 다 소용없다.

▶ 타 부서 파견

사실 넉넉한 인력을 가지고 팀을 운영하는 리더는 없다. 그러기에 회사 차원에서 새로운 TF팀을 구성하려고 팀에서 인원을 차출한다고 하면 리더는 정말 죽을 맛이다. 더군다나 TF팀의 역할이 매우 중요하니 우수한 인력을 보내 달라고 하면 더욱더 힘이 빠진다. 그런데 정말 팀에서 우수한 인력을 보낸다고 해서 그 TF팀에 도움이 될까? 오히려 우수한 인력을 보냈더니 TF에서는 허드렛일만 시키는 경우도 허다하다. 그 이유는 뭘까? 정작 TF팀에서 어떤 인력이 필요한지 구체적으로 말하지 않고 무조건 우수한 인력만을 언급했기 때문이다. 축구로 비유하면 수비수 없이 골 잘 넣는 공격수만 모이게 한 것이다. 이럴 때 리더는 어떻게 해야 하나?

상황 **11**

신규 사업 TF를 구성한다고 해서 아이디어 많은 정 매니저를 보냈는데 왜 바꿔 달라고 하지?

등장인물	차 상무	ATS 122
	정 매니저	AC 331

차 아니 정 매니저, 회의에서 무슨 문제가 있었나요?

정 딱히 그런 건 아닌데 제가 프로젝트 방향성이나 목표에 대해 질문 및 의견을 제시하니 좀 불편해하시는 모양이었습니다.

차 신규 사업이라 아이디어를 원할 줄 알았는데… 정 매니저는 관련 자료의 수집과 분석을 잘하는 편 아닌가요?

정 네, 상무님. 특히 그 분야는 제가 좋아하는 분야라서 평소에도 주시해서 보고 있었습니다. 이미 어느 정도 가지고 있는 데이터도 있구요.

차 그러면, 우선 다음 회의까지 한 번 더 들어가 보고, 그때 정 매니저가 가지고 있는 데이터 한 번 보여줘 봐요. 아, 그 전에 그쪽에서 시킬 일 있는지 확인해 주고. 아무래도 세세한 일을 해줄 사람이 필요한 것 같군요.

　　회사에 다니면서 종종 이런 경우를 본다. 대개의 경우는 TF 팀이 급조되면서 일단 인원수를 확보한 후 일을 나누다 보니 공격수에게 골키퍼를 시키는 경우가 발생한다. 즉, 신규 사업을 검토하는 TF 팀의 경우는 기획 업무 경험이 풍부하거나 그 분야에 자질이 뛰어난 사람들을 원한다. 즉 공격수만을 먼저 생각하게 된다. 정 매니저도 이런 전략과 기획 업무에 적합한 '분석적'이고 '개념적'인 성향의 사람이라 추천을 했을 것이다. 그런데 막상 가보니 머리보다 손발을 원하는 것이라면 결국 필요한 인력으로 사용되지 않는 것이다. 그래서 이런 일이 발생되지 않으려면 TF 팀장이 어떤 일을 할 사람이 필요하다고 정확하게 밝히거나, 아니면 보내는 팀의 리더가 어떤 인력을 필요로 하는지 물어보면 된다. 그중에서도 보내는 팀의 리더가 필요한 스펙을 먼저 알아보고 인력을 차출하는 것이 팀의 피해를 최소화하면서도 TF 팀에 협조하는 모습이 될 것이다.

팀 목표 설정

모든 팀이 연초에 팀 경영 계획 또는 사업 계획을 작성한다. 그러다 보면 관리해야 할 항목과 목표 설정에 대해 많은 고민과 토론이 있기 마련이다. KPI(Key Performance Index) 제도가 도입되었지만 몇 가지 항목만 Key factor로 정해서 관리하자니 뭔가 불안하고 모든 항목을 지표로 정하자니 자원이 부족해 보인다. 이럴 때 누구와 어떤 의견 충돌이 생기는가?

상황 **12**

모든 과제를 다 잘해야 한다는 목표가 무슨 의미가 있어요?

등장인물	서 팀장	T 133
	정 매니저	AC 311

정 이번에 설정된 KPI 항목을 살펴봤는데, 모두 다 안고 가기에는 너무 많은 것 같습니다, 팀장님.

서 많은 건 사실이지만 그래도 어느 하나 중요하지 않은 게 없는데 어떡합니까?

정 그래도 KPI라는 말 자체가 그중에서 가장 핵심적인 것들을 뽑아 자원을 집중하자는 것인데, 너무 분산되어서 집중도가 떨어지지 않을까 우려됩니다. 선택과 집중이 더 필요한 때인 것 같습니다.

서 팀원들이 고생하겠지만 그래도 더 신경 써서 모든 항목을 꼼꼼히 관리할 수 있다면 팀의 평가에 큰 도움이 되지 않겠어요? 이렇게 말로 할 게 아니라 우선 진행해 보고 다시 의논해 보죠. 정 매니저는 실행 계획서를 작성해서 메일로 보내주세요.

모든 팀장은 당연히 연말에 좋은 평가를 받기 원한다. 그래서 꾀가 많은 팀장은 평가에 유리한 항목 위주로 KPI 지표를 몇 개 설정하기도 한다. 그런데 유독 서 팀장과 같이 팀 내 모든 과제를 KPI로 설정, 관리하려는 사람이 있다. KPI 개념을 이해하지 못해서가 아니라 평소 그의 습관대로 모든 일을 빠짐없이 꼼꼼하게 처리해야 한다고 생각하기 때문이다. 그렇다고 평가를 전혀 의식하지 않는 것도 아니면서 말이다. 이럴 땐 팀원들은 그저 한숨만 나올 뿐이다. 특히 정 매니저처럼 핵심과 방향성을 중히 여기는 팀원은 정말 답답하다. 이 경우 타협안이 있긴 하다. 평가받는 KPI 항목에서는 제외하되 팀 내 관리 항목에는 포함시켜 관리하면 된다. 하지만 자원의 선택과 집중은 정말 중요하고도 필요한 경영 전략이다.

다.

동기 부여

구성원들이 열심히 일해서 성과를 내게 하려면 동기부여는 매우 필수적인 요소이다. 특히 Work and Life Balance를 중요하게 생각하는 구성원에게는, 주어진 시간에 몰입도를 높여 좋은 성과를 내게 할 만한 여러 가지 동기부여 방법이 필요하다. 그러나 상황에 따라, 또 구성원마다 원하는 동기부여 방식이 다르다면 팀장의 머리는 복잡해진다.

▶ 보상

많은 경우 성과를 평가한 후 보상을 한다. 그래서 많이 쓰는 동기부여 방법 중의 하나가 보상 내용을 미리 알려 그 보상을 받고자 열심히 일하게 하는 것이다. 하지만 구성원 모두가 그러한 방식의 동기부여를 원하는 것이 아니다. 이럴 때 리더는 당황스럽다. 그러면 무엇을 원한단 말인가?

실적이 좋으면 보너스를 주겠다고? 일단 술 한잔 같이하면 안 되나?

등장인물	서 팀장	T 133
	송 매니저	TS 311

서 이번에 정말 훌륭했어요, 송 매니저. 고생도 많이 했고. 내가 이번 평가 때 송 매니저 보너스 챙겨줄 수 있도록 정말 잘 써줄게요. 원하는 내용 있으면 메일로 보내줘요.

송 감사합니다, 팀장님. 그런데 보너스도 좋지만 저랑 언제 저녁 한번 하시면서 도움 되는 말씀도 해주시면, 다음번에 더 좋은 성과를 낼 수 있을 것 같은데 시간 괜찮으신지요?

서 고생했는데 보상은 받아야죠. 물론 저녁도 좋지만 그래도 괜히 다른 팀원들한테 불편한 소리를 들을 수도 있고, 괜한 오해가 될 수도 있으니 그런 건 팀 단위일 때 진행하는 게 좋지 않을까요?

송 제가 입사하고 팀장님과 따로 식사 한 번 한 적도 없고 하니 팀원들이 크게 문제 삼지는 않을 것 같습니다. 그동안의 팀 분위기로 볼 때 그런 부분에서 신경 쓰는 팀원들도 없을 듯 하구요.

서 미안합니다, 송 매니저. 그래도 괜히 다른 팀원들과 차이를 두는 건 조금 걱정 되는데요. 대신 송 매니저가 필요한 게 있으면 언제든 편하게 얘기해요. 내가 도움 되는 자료나 의견 정리해서 보내줄 게요.

당신이 송 매니저와 같은 요청을 받으면 어떻게 할 것인가? 아니 먼저 송 매니저의 요청이 이해되는가? 일부 리더는 크게 공감하지만 나머지는 좀 의아해 할 수 있다. 송 매니저는 사람과의 관계가 중요한 '사회적' 성향의 사람이다. 얼마의 보상금도 좋지만 상사의 인정과 격려가 더 필요한 사람이다. 이런 구성원

에게는 짧은 시간이라도 대면해서 대화하고, 작은 성과라도 자주 인정과 칭찬을 해주면 기대 이상으로 일하며 더 큰 성과를 내는 사람이다. 또한 칭찬은 여러 사람 앞에서, 질책은 가능한 소수가 있을 때 조용히 해주어야 한다. 그만큼 관계에서의 에너지에 영향을 많이 받기 때문이다.

하지만 서 팀장과 같은 '체계적' 성향의 팀원에게는 술 한잔 같이 하자는 말보다 보상 내역을 자세히 알려주는 것이 더 효과가 클 것이다. 그래서 서 팀장이 더 혼란스러워할 수 있다.

▶ 단합 대회

여럿이 모여 무엇인가를 계획할 때 정말 사소한 것인데도 서로 생각이 달라 양보하지 않고 언성을 높이는 사람들이 있다. 특히 단합 대회나 회식은 팀 분위기를 밝게 하여 모두 즐겁게 일을 하자는 취지 아닌가? 생각이 다르지만 갈등을 원하지 않아 입을 다무는 사람도 있지만 기어코 본인의 주장만을 내세우다 보니 급기야는 감정싸움으로 번지기도 한다. 그런데 희한하게도 그런 일이 정말 한두 번이 아니다. 과연 그들은 왜 그러는 걸까?

상황 **14**

단합 대회 한 번 하기 정말 힘드네… 두 사람만 의견이 맞으면 무엇을 해도 될 텐데….		
	정 매니저	AC 331
등장인물	지 매니저	SC 333
	신 매니저	C 311

정 팀장님이 이 시기에 단합 대회를 한번 하자고 하시는 것은 어떤 생각
이 있기 때문일 거예요. 그것에 맞추어 장소와 프로그램을 결정하는
게 어떨까요?

지 뭘 그리 복잡하게 생각해요? 단합 대회는 말 그대로 단합 대회지. 그
냥 어디서 무엇을 하든지 다 같이 재미있는 시간을 보내면 되지요.

정 재미와 의미를 모두 생각해야지요. 한둘이 모이는 모임도 아닌데요.

지 단합 이상의 의미가 뭐가 있을까요? 오랜만에 다 같이 시간을 보내는
것이 큰 의미지요.

신 (속으로 말하길) 난 그냥 혼자 집에서 쉬는 게 제일 좋은데….

위의 세 사람은 기질이 서로 다른 사람들이다. 생각하는 성향이 다르고 행동
성향도 조금 다르다. 그러니 의견이 쉽게 모일 리 없다.

여행을 가자고 하면 항상 여행의 목적이 무엇인가를 제일의 고려사항으로
생각하는 사람이 있다. 그런가 하면 여행을 알차게 보내기 위해서 시간대별로
꼼꼼히 일정을 준비하는 사람이 있다. 그는 시간 일정표대로 하고 싶은 일을 다
하지 못하면 매우 서운해 한다. 반면에 오로지 누구와 같이 가느냐가 제일 중요
한 사람도 있다. 그는 어디서 무엇을 하든 원하는 사람과 같이 할 수 있다면 그
자체가 행복이다. 마지막으로 여행은 미지의 세계를 탐험하는 것이라고 생각하
는 사람도 있다. 그는 장소, 음식, 액티비티 모두 안 해본 걸 할 수 있다면 그게 여
행이다. 그래서 일정, 동반자는 중요하지 않다. 오히려 혼자 즐기는 것을 선호한
다. 이렇듯 각자의 기질 특성이 달라 의견이 통일되지 않는 경우가 허다하다. 다
행히도 직장에서 일할 때는 수행하는 과제의 목적과 목표가 분명하기 때문에 이

런 갈등은 잘 표출되지 않는다. 만약 과제를 같이 수행하면서 이런 갈등이 나타난다면 리더는 조속히 목적과 목표를 분명히 하는 작업을 먼저 해야 할 것이다.

▶ 가족 초청 행사

직장에서 구성원의 가족을 초청해서 행사를 한다는 것은 흔한 일은 아니다. 하지만 자녀들이 아빠의, 또는 엄마의 일터에 관심이 많고 부모를 자랑스럽게 생각할수록 그런 행사는 동기부여 차원에서 최대의 효과를 나타내기도 한다. 또한 소위 좋다는 직장에 자식이 입사한 경우, 그 부모는 자식이 너무 자랑스럽다. 직장 시절에 신입 사원 부모 초청 행사에서 보았던 그들 부모님의 표정을 아직도 난 잊을 수 없다. 그들은 정말, 그들의 자식을 한없이 자랑스러운 표정으로 바라보았다. 그런 부모님을 보는 신입 사원들 역시 너무너무 기쁜 표정이었다. 이런 행사만큼 구성원에게 동기부여가 되는 행사가 또 있을까? 하지만 이런 행사를 하기 어려운 이유는 여러 가지가 있다. 그런데 그중 하나가 리더 때문이라면 어떻게 해야 할까?

상황 **15**

왜 지금 팀장은 지난번 팀장처럼 가족 초청 행사를 하거나, 아내 또는 어머니 생일을 챙겨 주지 않는 걸까?

등장인물	서 팀장	T 133
	지 매니저	SC 333
	윤 매니저	TS 333

윤 작년까지 연말 가족 모임에 대한 반응이 괜찮았는데 올해도 준비해 볼까요, 팀장님? 그 부분은 또 지 매니저가 기가 막히게 잘합니다. 역시 모임 진행에는 지 매니저만한 사람이 없거든요.

서 아, 그랬습니까? 그렇지만 올해는 아직 프로젝트도 진행 중이고…. 단체 모임보다는 개개인이 행복한 시간을 보내는 게 어떨까요? 연말까지 회사에 시간 뺏긴다고도 생각할 텐데.

지 어휴, 아닙니다, 팀장님. 저희 와이프는 항상 제가 이 회사 다니는 게 정말 자랑스럽다고 말하는걸요. 그리고 회사 모임도 친구들 모임처럼 즐겁게 시간 보내고 갑니다. 와이프들끼리도 서로 통해야 남편들한테 힘이 된다고까지 한다니까요.

서 그래도 일하는 곳인데 한편으로는 너무 편해지는 것도 악영향이 있지 않겠습니까? 우선 올해는 일정도 타이트하니 모임은 쉽지 않을 듯하고, 제가 메일이라도 써서 돌리겠습니다. 미안해요.

서 팀장은 왜 굳이 이런 모임을 하지 않으려 할까? 그런 모임이 회사 업무에 지장을 주거나 아니면 동기부여 차원에서 별 효과가 없다고 생각하기 때문일까? 그럴 수도 있겠지만 사실 그의 기질상 사람이 많이 모인 자리에서 대화하고 나서는 게 싫거나 무섭기 때문이다. 반면에 지 매니저나 윤 매니저는 모두 '사회적' 성향의 사람들이라 사람들이 많이 모이는 행사를 즐기고 팀장과는 달리 대화도 많이 나누는 '표현' 3지점이다. 그래서 더욱이 팀장의 그런 태도가 이해되지 않을 것이다. 이런 경우, 구성원들이 그런 행사를 정말 원한다면 팀장은 행사처음 인사말 정도의 역할만 맡게 하고, 나머지는 지 매니저 같은 팀원이 이끌어

가도록 하면 된다. 그것도 어려우면 팀장의 이름으로 작은 선물을 감사의 글과 함께 각 가정에 보내는 것도 한 방법이다.

라

회의

회의만큼 참석자의 성향과 경험이 그대로 표출되는 장면은 없다. 그렇기 때문에 팀장이 회의 진행을 효율적으로 하려면 참석자의 성향을 존중하면서도 쓸데없는 갈등이 발생되지 않도록 신경을 많이 써야 한다. 회의 진행만 잘해도 팀장 역할의 '반은 성공이다'라는 말을 들을 수 있다.

▶ 활발한 토론 문화

뭔가 중요한 의사 결정을 해야 하는 회의의 경우, 평상시보다 더 활발한 토론이 필요하다. 여러 사람이 가지고 있는 다양한 관점에서 그 문제를 바라볼수록 올바른 의사 결정을 할 수 있기 때문이다. 그럼에도 불구하고 회의 시 토론에 소극적인 구성원이 꽤 많다. 그런 경우는 회의에 관심이 없어서 그런가? 혹은 이번 안건에 대해 고민을 하지 않고 왔나? 심지어 내 의견을 무시하나? 등 여러 오해를 부른다. 하지만 그보다는 그들이 가지고 있는 기질 특성 때문인 경우도 있다. 의견은 있지만 말을 많이 하는 것을 별로 좋아하지 않거나, 의견이 좀 달라서 다른 사람과 충돌이 일어날까 두려워서 나서지 않는 사람도 있다. 팀장은 이런 상황에서 어떤 리더십을 발휘하면 좋을까?

상황 **16**

다 같이 의견을 내서 결정해야 하는데 왜 나만 떠들고 있지? 팀장은 왜 말 안 하고 있어?		
등장인물	서 팀장	T 133
	윤 매니저	TS 333
	성 매니저	AC 113
	최 매니저	C 111

윤 이번 프로젝트는 고객과의 소통이 가장 중요하다고 봅니다. 그래서 앞서 말씀드린 고객 피드백의 빠른 수용이 회사의 이미지 제고 향상에 큰 도움이 될 것으로 생각됩니다.

서 네, 좋아요. 다들 어떻게 생각하나요?

성 맞습니다, 요즘은 감성적인 부분도 좋은 경쟁력이니까요.

최 네, 뭐. 기술적 사항에 큰 변경이 없다면요.

윤 걱정되는 부분은 고객의 니즈가 저희가 생각한 방향과 벗어날 때입니다. 기술적 사항의 변경이 크게 일어나는 쪽으로 방향이 바뀌면 다른 대안을 준비해야 하지 않을까요?

서 음, 그 부분은 성 매니저가 좀 생각해 본 게 있지 않나요?

성 글쎄요. 그래도 저희의 차별성은 소통과 속도인데, 방향성을 바꾸는 건 우려되긴 하지만….

윤 생각해 보신 걸 편하게 말씀해 주세요. 계속 걱정된다, 우려된다 라고만 하시니… 러프한 아이디어라도 말씀해 주시면 다 같이 생각해 볼 수 있고 좋지 않을까요? 휴….

위의 윤 매니저는 얼마나 답답할까? 성 매니저나 최 매니저 모두 별로 말을 많이 하지 않는 '표현' 1지점인 데 비해 윤 매니저는 '표현' 3지점의 사람이라 서로 대화를 오래 나누기가 힘들 것이다. 게다가 그 두 매니저는 구체적인 실행 방안에 대해서는 큰 관심이 없는 '분석적'이거나 '개념적' 성향의 사람들이다. 그러기에 의사 결정에 별 도움이 안 되는 상황이다. 이 경우 팀장은 어떻게 해야 할까? 먼저 두 사람이 충분히 생각하고 말할 수 있도록 기다려 주어야 한다. 그들

은 머릿속의 개념 또는 방향성이 정리되지 않으면 쉽게 말하지 않는다. 그리고 의견 충돌이 발생하더라도 윤 매니저가 본인의 주장을 일방적으로 계속 말하도록 두지 말고 각자 돌아가면서 의견을 말할 시간을 주어야 한다. 윤 매니저의 활발한 토론 방식이 다른 사람에게는 부담이 될 수 있기 때문이다. 분명한 것은 말이 없다고 생각이 없는 것은 아니다.

▶ 실적 점검 회의

어린 시절, 미술 시간이 되면 고민이 많았다. 도화지에 색칠하기 전에 스케치를 먼저 해야 한다고 하는데 어느 정도의 윤곽을 잡는 게 좋은지 잘 몰랐기 때문이었다. 그 스케치가 도화지에 어떤 구도로 어떤 주제의 그림을 그릴지 결정하기 위한 것이라면, 회사에서도 그런 스케치 작업이 분명 필요하다. 그러나 스케치는 잘하는데 색칠을 하면서 그림을 망치는 사람이 종종 있다. 마찬가지로 과제의 목적과 핵심 전략에 대해서는 정리를 잘하는데 정작 실행에 있어서는 좀 부족한 사람들이 있다. 실적 점검 회의를 하다 보면 팀장은 한편 화도 나고 한편 고민이 된다. 그런 구성원은 어떻게 활용하면 좋을까?

상황 **17**

아이디어 내는 사람 따로 있고, 몸으로 때우는 사람 따로 있다?

등장인물	정 매니저	AC 331
	송 매니저	TS 311

송 정 매니저님, 기운 내요. 팀원들은, 그래도 정 매니저님 새로운 아이디어 덕분에 결과가 좋은 거지, 진부한 내용으로 했으면 망해도 단단히 망했을 거라고 안도하고 있어요.

정 고마워요. 난 분명 새로운 시각에서 큰 그림을 그리는 게 중요하다고 생각해서 기존과 다른 방식으로 해보려는데, 팀장님은 항상 작은 부분 하나하나에서 부족한 걸 찾아내 뭐라고 하시네요.

송 아무래도 팀장님이 그런 디테일을 좋아하시잖아요. 그리고 실적 점검 회의라는 것 자체가 진행되고 있는 내용의 회의다 보니 세세한 게 중요하기도 하고. 그래도 이게 다 정 매니저님이 세운 큰 그림 덕분이에요.

정 그러게요. 자꾸 숲이 아닌 나무만 보려고 하다 보면 고개를 들었을 땐 잘못된 길을 가고 있을 수도 있는데 말이에요.

정 매니저는 항상 먼저 창의적이고 새로운 방식을 생각하는 사람이다. 즉 프레임이 먼저이고 디테일은 다음이다. 그러기에 그런 사람에게 너무 디테일을 강조하면 위축될 수밖에 없다. 그래서 리더는 그의 강점을 살릴 수 있는 업무를 찾아 지시하든지 아니면 송 매니저와 같이 친화력과 실행력이 뛰어난 사람과 한 과제를 협업하도록 하면 좀 더 팀에 기여할 수 있을 것이다. 사람은 모두 자신만의 강점이 있고 그 강점을 잘 활용하는 것이 리더의 역할이기 때문이다.

▶ 아이디어 회의

여러 가지 종류의 회의가 있지만, 목적에 따라 그 진행 방법은 달라야 한다. 단순히 실적을 점검하는 회의와 새롭고 독창적인 것을 찾아내야 하는 회의가 당연히 다르기 때문이다. 하지만 그런 방법을 모르거나 그런 회의 진행 경험이 부족하다면 어떻게 될까?

상황 **18**

이런 딱딱한 분위기에서 주어진 시간 내에 참신한 아이디어를 내라고 하면 그게 말이 되나?

등장인물	서 팀장	T 133
	최 매니저	C 111
	신 매니저	C 311

서 이번 주 아이템 회의도 별일 없으니 수요일 그 시간에 하면 되겠죠?

신 팀장님. 그래도 아이디어 회의인데 매주 진행한다는 게 좀 어려움이 있는 것 같습니다. 신선한 내용보다도 단순히 한마디라도 하기 위한 어색한 아이디어들이 더 많아지는 것 같구요.

서 항상 참신할 수 없다는 건 이해하지만 자주 아이디어를 내다보면 전반적인 추세나 트렌드도 알 수 있고, 책임감도 좀 생기고 말이에요.

최 그래도 아이디어라는 게 누구랑 얘기하다가 떠오르는 것보다 혼자 머릿속을 굴리다 보면 번뜩 떠오르는 게 더 신선하고 좋지 않을까요?

서 그래서 평소에 회의 말고는 다들 메일로 주고받자는 게 그겁니다. 각자의 시간도 충분히 가지라고. 쓸데없는 대화가 필요 없다는 건 두 분 다 잘 아시지 않나요? 특히 최 매니저도 그렇게 생각하는 걸로 알고 있는데.

최 그건 맞지만….

창의적인 아이디어를 내야 하는 회의를, 목표를 정해 놓고 일 처리 하듯이 한다면 소기의 성과를 얻을 수 있을까? 위의 대화에서 서 팀장과 두 매니저 사이의 견해차는 항상 주어진 일을 꼼꼼히 처리하려는 서 팀장의 기질이 문제이다. 그는 회의 진행을 포함한 모든 업무를 주어진 시간에 완벽히 처리하려 한다. 그러나 이런 경우는 별로 좋은 방법은 아니다. 오히려 평소에 엉뚱한 생각도 많이 하고 항상 새로운 것에 관심을 가지는 두 매니저가 주도하도록 하는 게 좋다. 그 둘의 기질 특성이 이 회의의 목적에 맞기 때문이다.

▶ 보고

상사에게 의사 결정을 요청하거나 현재의 진행 상황을 알리고자 할 때 대개 자료를 작성해 가져간다. 상사는 그 자료를 보며 그들의 생각을 전달받는다. 그런데 간혹 보고 자료보다는 보고자의 얼굴을 쳐다보며 보고를 받는 상사도 있다. 보고하는 입장에서는 조금 당황스러울 것이다. 그 상사는 왜 자료보다 보고자를 살피는 걸까?

상황 **19**

지 매니저가 뭔가 하고 싶은 말이 있는 것 같은데? 평소에도 하고 싶은 말은 다 하는 편 아니었나?

	차 상무	ATS 122
등장인물	서 팀장	T 133
	지 매니저	SC 333

차 그럼 이번 회의는 여기까지 마무리할까 하는데⋯. 그나저나 지 매니저, 혹시 다른 할 얘기 있나요?

지 아닙니다. 상무님. 별 이야기는 아니니 넘어가셔도 괜찮을 것 같습니다.

차 회의도 일찍 끝난 편인데 한번 얘기해 봐요.

지 아, 그럼⋯ 단지 해당 프로젝트에서 리스크 발생 확률이 낮지 않은 편인데 대비책이 조금 아쉬운 듯해서 추가 내용을 조금 더 말씀드릴까 했습니다.

서 지 매니저, 그런 부분이 있었으면 미리 말해 주지 그랬어요. 우리도 같이 생각해 볼 수 있는 부분이었을 텐데.

지 죄송합니다. 그래도 더 중요한 사항들이 많아서 괜히 다른 길로 새는 건 아닌가 싶어 제가 따로, 제대로 준비해서 보고 드리려고 했습니다.

차 허허. 서 팀장이 좋은 팀원을 두었군요. 물론 그게 다 서 팀장이 뛰어나니 좋은 팀원들도 붙는 거겠지. 지 매니저, 그런 의견이 있으면 미리 팀원들과 잠깐이라도 상의해 보고 회의 때 전달해 주면 더 좋을 테니 크게 부담 갖지 말고 팀원들과 잘 이야기해 봐요.

차 상무는 평소 사람에 관심이 많은 '사회적' 성향의 사람이다. 그는 감각적으로 사람의 표정이나 말투 그리고 행동을 잘 살핀다. 그래서 그는 자료를 가지고 보고를 받을 때에도 시선을 사람에 맞춘다. 평상시 지 매니저를 관찰해 온 것이 있기 때문에 위와 같은 대화가 가능한 것이다. 어쩌면 이런 차 상무 특성이 구성원들로부터 따뜻하고 친근한 리더라는 평을 듣는 이유일 수 있다. 가끔 보고서는 완벽한데 보고자의 표정이 불안해하거나 눈길을 피하는 것을 경험한다. 그러면 그 내용을 신뢰하기 어렵다는 생각이 든다. 뭔가 지적받을까 두렵다는 것처럼 느껴지기 때문이다. 차 상무와 같은 유형의 리더에게 보고를 할 때는 그런 오해를 사지 않기 위해서라도 자료보다는 시선을 맞추며 자신감 있게 설명하는 게 좋다.

마.

의사 결정

직장 업무 중 하이라이트는 의사 결정이다. 최종 결정권자가 되면 좋으나 싫으나 결정을 해야 한다. 그래서 리더는 여러 사람들의 의견을 물어 신속하고도 올바른 결정을 내리기 위해 고민한다. 어쩌면 제일 큰 스트레스가 의사 결정일지 모른다. 의사 결정을 잘하는 리더는 어떤 리더일까?

▶ 결정 지연

금방 의사 결정을 하고서는 다른 의견이 추가되면 최종 결정을 미루는 사람이 있다. 추가된 의견이 정말 의미가 있어서 그럴 수도 있지만 솔직히 귀가 얇거나 줏대가 없다고 느껴진다. 리더가 그런 사람인 경우는 구성원은 정말 어찌해야 좋을지 모른다. 그분은 왜 항상 그럴까?

상황 **20**

서 팀장은 귀가 너무 얇은 거 아냐?

등장인물	서 팀장	T 133
	이 매니저	AT 111

서 그러면 아까 얘기한 내용으로도 준비해 보도록 하죠. 지금도 좋지만 새로운 내용도 꽤 신선하고 좋네.

이 팀장님, 이번에 저희 진행 사항은 팀장님도 동의하셨고, 꽤 철저하게 준비된 거라 수월할 텐데 여기서 새로운 프로세스를 세워보는 건 너무 시간적으로도 압박이고 업무량도 상당 부분 증가할 것 같습니다.

서 그래요? 그래도 이 매니저가 듣기에도 꽤 괜찮은 아이디어였잖아요. 한번 구체적으로 세워보고 비교해 보는 건 어때요.

이 분명 더 좋은 아이디어일 수는 있지만 지금 프로세스에 큰 문제가 있는 것도 아니고 충분한 분석을 거쳐 만들어진 겁니다. 우선 진행해 보시고 문제가 생기면 그때 수정하는 게 시간적으로나 능률적으로나 좋을 것 같습니다.

서 그래도 한번 진행해 보죠. 이런 식으로 좋은 아이디어를 수렴하지 않다보면 팀원들도 의견을 잘 안 내려고 하지 않겠습니까?

서 팀장과 이 매니저는 다른 사람의 의견을 수용하는 데 있어 상반된 특성을 가진다. 이 매니저는 한번 정하면 잘 안 바꾸고 끝까지 해본 후에 결과를 가지고 평가하기를 선호하는 '유연성' 1지점의 사람이지만, 서 팀장은 그 반대다. 그래서 늘 충돌할 수 있다. 유감스럽게도 누가 옳다고 판단할 수 없다. 사안에 따라 다를 수 있기 때문이다. 다만 그 둘의 기질 특성 차이 때문에 감정 소모를 일으키는 일은 바람직하지 않을 뿐이다. 둘 사이에 합의를 이끌어 낼 중재자를 두면 어떨까? 남 그룹장 같은 사람이 그 역할을 잘 해내지 않을까?

▶ 의사 결정의 방향 정렬

직장에서 흔히 겪는 일 중의 하나가 바로 위 상급자와 차상위자가 서로 성격이 달라, 보고 과정에서 수없이 시행착오를 겪는 경우이다. 점잖은 표현으로 시행착오이지 어떨 땐 왜 이런 똥개 훈련을 반복해야 하나… 두 분이 원망스럽다. 예를 들어 상무의 요구가 A형 보고서이면 팀장도 상무의 요구에 맞게 A형 보고서를 작성하면 되는데, A형 보고서를 작성한다 하면서 B형 보고서를 작성하게 하여 상무님으로부터 꼭 한 소리를 듣게 한다. 도저히 무엇 때문에 팀장이 그러는지 정말 이해가 되지 않는다.

상황 **21**

상무님과 팀장님은 완전히 스타일이 다른 것 같아. 어느 장단에 맞춰야 하나?		
	차 상무	ATS 122
등장인물	서 팀장	T 133
	성 매니저	AC 113

차 성 매니저, 그래서 이것이 추구하는 방향이 무엇인가요? 뭔가 하겠다는 건 있는데 대체 뭘 하겠다는 건지는 잘 와닿지 않네요.

성 죄송합니다. 아무래도 디테일이 중요한 프로젝트이다 보니 세세한 계획에 집중하게 된 것 같습니다.

차 그래도 뭘 위한 디테일인지를 알아야 거기에 맞게 준비하지 않겠어요?

서 상무님 이번에도 지난번과 크게 다르지 않게 업체 납품 관련이라 일정이나 수량 관련해서 꼼꼼한 체크가 가장 중요한 프로젝트입니다.

차 비슷하거나 같은 업무여도 시기나 상황에 따라 추진 속도를 더 중요하게 고려할지, 또는 비용 절감이 주요 이슈인지, 뭔가 방향이 있어야 일이 체계적으로 진행되지 않겠습니까?

차 상무 입장에서는 서 팀장을 정말 이해하기 어려울 것이다. 사업이나 과제를 추진하는 데 있어 먼저 고려해야 할 사항은 필요성과 방향성이다. 그것이 정리되지 않은 상태에서 실행 계획을 수립하면 그것은 사상누각이 될 수 있기 때문이다. 그런 차 상무의 생각을 서 팀장도 모르진 않을 텐데 팀장은 항상 꼼꼼하고 차질 없는 실행을 중요하게 생각하다 보니 자꾸 큰 방향을 놓치는 것이다. 담당자 입장에서는 그런 상황이 늘 곤혹스럽기만 하다. 그래서 보고서 작성 시 상무님의 생각을 늘 강조하지만 팀장은 알았다면서도 결국 자기 방식대로 보고서 작성을 고집한다. 쉽게 변하지 않는 그의 기질 특성 때문이다. 해결 방법은 단 하나, 팀장이 정신 차릴 때까지 계속 야단맞으면 된다. 그러나 팀원은 그 시기를 힘들게 견뎌야 한다는 게 문제다.

바.
해외 출장

대체로 매년 관련 산업 분야의 세계적 흐름과 경쟁 회사의 동향을 알 수 있는 해외 전시회가 열린다. 전시회에 참여하기 위해 출장을 가보면, 규모가 큰 전시회일수록 돌아봐야 할 부스가 많다. 큰 흐름을 파악하는 것도 중요하고 세부적인 경쟁사의 상황도 살펴야 하므로 가능한 많은 인원이 전시회에 참가하길 원한다. 그 와중에도 부스 방문 방법을 놓고 때론 설전을 벌이기도 한다. 큰 흐름을 보기 위해 먼저 Quick Review를 한 후에 좀 더 자세히 들여다봐야 할 부스를 선정하자는 사람과 우선적으로 몇 개의 경쟁사 부스를 먼저 보자고 하는 사람과의 논쟁이다. 따로 부스을 나누어 다니면 될 텐데 굳이 같이 다니자면서 불편해하는 이유는 뭘까?

팀장하고는 전시회 같이 다니면 안 돼. 한 부스에 너무 오래 머물러 전체의 흐름을 볼 시간이 없다니까.

등장인물	서 팀장	T 133
	정 매니저	AC 331
	성 매니저	AC 113
	송 매니저	TS 311

정 팀장님, 이제 다음 부스로 이동하시죠. 전시회 마감 시간이 얼마 남지 않았습니다. 방문해 봐야 할 부스는 아직 많이 남았구요.

서 정 매니저! 미안한데 조금만 더 기다려줘요. 아직 이해가 안 된 부분이 많아서 이 부분만 확실히 짚고 넘어가도록 하죠.

정 그래도 팀장님, 이렇게 한두 곳에서만 시간을 많이 보내시면 전체적인 전시회 테마나 트렌드를 파악하기가 쉽지 않습니다. 데이터도 비교하기에 턱없이 부족하구요. 안 그래요, 성 매니저님?

성 음… 네, 맞아요. 팀장님. 저희는 세세한 이해보다는 전반적인 설계 모습과 다양한 데이터 수집이 목적이라 아무래도 조금 더 빠르게 둘러보셔야 할 것 같습니다.

송 정 매니저님, 성 매니저님. 서 팀장님이 워낙 꼼꼼하신 분이라 뭔가 생각해 두신 게 있을 텐데… 그러면 두 매니저님들께서 먼저 다른 부스를 둘러보고 계시면 어떨까요? 제가 팀장님과 매니저님들 사이에서 계속 상황 모니터링하면서 전달해 드릴게요!

서 그래요. 성 매니저랑 정 매니저가 조금만 먼저 고생해 줘요. 아무래도 대충 넘어가기보단 조금 더 꼼꼼하게 체크해 볼 내용이 많아서요.

서 팀장을 포함해서 네 명의 인원이 전시회에 참여하였지만 성 매니저와 정 매니저는 팀장에 대해 불만이 가득하다. 그들 두 사람은 개념, 핵심, 방향성 등에 관심이 많은 사람들이라 우선 전시 내용의 방향성과 주제를 파악하는 게 중요하다. 반면에 서 팀장은 하나라도 자세히 꼼꼼하게 정보를 파악하는 것이 더 중요하다고 생각하는 '체계적' 성향의 사람이다. 전시회 참가 목적으로 볼 때 두 가지 모두 얻어야 하는 상황이다. 그렇다면 굳이 모여 다닐 필요 없지 않은가? 혹시 팀장이 팀원들하고 꼭 같이 다녀야 한다는 생각 때문에 그런 거라면 얼른 그 생각을 버려야 할 것이다. 이런 경우는 두 그룹으로 나누어 각기 선호하는 방식으로 전시회를 관람하고 나중에 모여서 두 가지 관점에 대해 서로 의견을 나누는 것이 더 효율적이지 않을까? '사회적' 성향의 송 매니저가 결국 나서서 중재를 하는데 팀장이 이런 판단과 결정을 빨리 내리면 더욱 효과적이고 의미 있는 해외 전시회 참관이 될 것이다.

사.

고객 응대

　과거와는 달리 고객이 불편함을 느끼면 더 직접적이고 강력하게 불만을 제기하는 시대여서 고객 응대 및 고객 만족은 매우 중요한 문제이다. 그래서 때론 담당자가 아닌 팀장이 직접 고객 응대를 해서 고객의 불만을 해소해야 할 때가 있다. 그럼에도 불구하고 서 팀장은 고객에게 문자만 보낼 뿐 직접 대면해서 문제 해결할 생각을 하지 않는다. 팀장이 직접 나설 단계가 아니라고 생각해서일까?

아니, 담당 팀장이 왜 고객을 직접 만나 오해를 해소할 생각을 안 하지?

	차 상무	ATS 122
등장인물	서 팀장	T 133
	송 매니저	TS 311

차 서 팀장님. 이번에 컴플레인 한 고객이 좀 까다롭던데…. 하루 이틀 괴롭히는 것도 아닌 데다가 앞으로도 걱정이고…. 한 번 직접 만나봤어요?

서 제가 몇 번 사과 문자도 드렸고 컴플레인 내용에 대해서 꼼꼼하게 진행 과정과 해결 방안도 적어서 메일 회신 하긴 했습니다만…. 그럼에도 불구하고 계속 대체 언제 되느냐고 감정적으로 대하시네요.

차 직접 만나보지 그랬어요. 우리 회사 오래 이용했다는데, 해결될 건 알지만 답답해서 저러는 거잖아요.

송 예전에도 몇 차례 제품 문의 차 회사에 방문하셔서 제가 몇 번 뵈었던 분입니다. 배려도 있으시고 대화도 잘 했던 분인데 이렇게 화내시는 걸 보니 아무래도 처리 과정에서 서운하셨던 게 있지 않았을까 싶습니다.

차 오! 안면이 있는 분인가 보군요. 그러면 송 매니저가 빠른 시간 안에 연락 한 번 드려 볼래요? 가서 좀 말씀도 듣고 오해가 있거나 하면 풀어 드리고….

송 물론이죠. 기다리시는 동안 커피 한 잔씩 하면서… 괜찮을 것 같습니다. 상무님!

서 팀장은 본인이 문제를 해결하려고 노력했다. 하지만 본인의 방식대로 문자나 메일로 응대하다 보니 오히려 고객의 기분만 상하게 하였다. 서 팀장은 주로 사전에 꼼꼼히 준비해서 계획을 세우고 그 일정대로 성실히 일하는 '체계적' 성향의 사람이다. 그래서 위와 같은 예외적인 상황이 발생하면 당황하고 자기의 패턴대로만 문제를 해결하려 한다. 만약 팀장이 '사회적' 성향의 사람이라면 먼저 고객의 기분과 감정에 공감하면서 직접 만나서 해결했을 것이다. 이 역할을 송 매니저가 대신 하였다. 송 매니저는 '사회적' 성향에다가 대화를 즐기는 사람이라 벌써 고객의 감정에 초점을 맞춘다. 그리고 그 문제 해결에 대해 부담스러워하지 않는다. 서 팀장이 진작에 송 매니저와 함께 그 고객을 만났더라면 벌써 고객 불만은 해결되지 않았을까?

아.

평가 및 피드백

일을 마치면 반드시 평가가 따른다. 회사의 규정에 따라서 시행하든지 아니면 부서 자체 규정에 의해 평가를 하든지, 결과가 있으면 평가가 시행된다. 평가의 시간은, 단순히 평가 결과를 알려주는 자리이기보다 피드백을 통해 구성원을 육성하는 자리이기도 하다. 그래서 매우 중요한 시간이다. 특히 평가 결과와 피드백을 받는 구성원에게는 평가 이후 일에 얼마나 몰입할 수 있는가를 결정하는 매우 의미 있는 시간이다. 하지만 이런 평가의 시간을 대수롭지 않게 생각하거나, 가능한 간단히 넘어가려는 리더가 있다. 그들은 무엇 때문에 그렇게 하려는 걸까?

▶ 평가 면담

평가 시기가 오면 팀장은 좀 괴롭다. 모두가 열심히 일한 것 같은데 굳이 상대적 평가를 해야 하는 경우도 그렇고, 저성과자에게 좋지 않은 평가 결과를 말하며 독려하는 것도 쉬운 일은 아니다. 그러나 그중에서도 평가 결과에 승복하지 않고 평가 기준이 뭐냐고 따지는 팀원을 상대하는 것은 정말 피하고 싶은 일이다. 그런데 불행하게도 꼭 그런 팀원이 한둘은 있다. 그냥 결과에 승복해 주면 안 될까?

상황 **24**

평가 시기가 되면 자기주장이 강한 팀원과의 대화가 정말 어렵다. 만나서 싸우는 것도 싫고, 꼭 대면해서 해야 하나?

등장인물	서 팀장	T 133
	지 매니저	SC 333

지 팀장님! 평가 기준이 어떻게 되는지 말씀 좀 해주시면 안 돼요? 사전에 보내주신 메일로는 너무 딱딱하기도 하고 뻔한 내용밖에 없는데.

서 그게 맞는 걸 어떡합니까. 그리고 말 그대로 평가인데 이렇게 개개인별로 대화를 하는 건 다른 팀원 보기에도 안 좋을 수 있습니다.

지 제가 다른 부탁을 하는 것도 아니고, 단순히 평가 기준 여쭤보는 건데 그게 큰 문제가 되기라도 하겠어요? 그리고 제가 먼저 들은 후 다른 팀원들한테 전달해 줄 수 있는 내용이기도 하잖아요. 이걸 메일로 보내주는 게 더 이상할 것 같은데….

서 시시콜콜한 일상 얘기도 아니고 업무 평가인데 어디가 이상하다는 건지 잘 모르겠군요. 어쨌든 내가 좀 더 구체적인 내용을 메일로 보내줄게요.

지 매니저는 대화를 즐기고 자기주장이 상대적으로 강한 '표현' 3지점, '주장' 3지점의 사람이다. 그래서 회의 시 토론을 할 때면 꼭 싸움을 하는 것처럼 보일 때도 있다. 하지만 그는 싸우려는 의도는 전혀 없고 자기의 생각을 분명하게 빨리 전달하고 싶을 뿐이다. 반면에 서 팀장은 말보다는 글로 의사 표시하는 것을 선호하는 '표현' 1지점의 사람이다. 그렇지만 '주장' 3지점의 사람이라 말은 적지만 자기 생각을 끝까지 관철하려고 노력한다. 그래서 위와 같은 상황이 벌어지는 것이다. 하지만 리더는 리더이기 때문에 본인의 기질을 내세우기보다는 구성원 특성에 맞는 소통을 해야 한다. 더욱이 그 팀원은 다른 사람의 의견이 일리가 있다 하면 또 쉽게 수용할 수 있는 '유연성' 3지점의 사람이기 때문이다. 만약 팀장이 남 그룹장과 같은 '사회적' 성향의 사람이라면 어땠을까? 그는 아마 평가 기준을 궁금해하는 지 매니저의 심정을 먼저 들으려 할 것이다. 그리고 '상대 평가'라는 제도의 운용이 왜 어려운지 이해를 구했을지도 모른다. 그러면 지 매니저는 어떻게 반응했을까? 그래서 리더가 기본적으로 구성원의 특성을 파악하고 있는 것이 중요하다.

▶ 평가 오류

리더가 구성원에 대해 평가를 할 때 범하는 오류가 몇 가지 있다고 한다. 그중의 하나가 학연, 지연의 관계가 아니라 왠지 나와 같은 스타일이어서 더 높이 평가할 수 있다는 것이다. 일부 리더는 그럴 리가 없다고 항변하겠지만 어느 대기업에서 조사한 바에 의하면 그럴 가능성이 제법 크다는 것이다. 어느 한 구성원의 일 처리 방식에 신뢰가 간다고 느끼는 것은 나도 그 방식의 일 처리를 선호한다는 뜻이다. 본인의 평가 스타일이 이에 해당되는지를 곰곰이 따져 볼 일이다.

상황 **25**

이번 과제는 윤 매니저와 내가 같이 협력해서 멋지게 해냈는데, 왜 팀장은 은연중에 나보다 윤 매니저의 역할이 더 컸다고 말하는 걸까? 사실 주요 계획과 골격은 내가 잡고 윤 매니저는 실행만 했을 뿐인데….

	서 팀장	T 133
등장인물	성 매니저	AC 113
	윤 매니저	TS 333

서 이번 프로젝트에 고생 많았어요. 그 업체가 제품 까다롭게 받기로 유명한데 그걸 통과시켰네. 누가 미팅 나간 거예요?

윤 미팅은 제가 나가긴 했지만…. 저는 사실 성 매니저가 준비한 프로세스에 맞춰 진행한 것밖에 없습니다. 거의 숟가락만 얹은 거죠.

서 아, 그래요? 성 매니저도 신경 많이 썼겠네요. 그래도 그 업체가 질문도 많고 해서 현장 나가면 꼼꼼하게 챙기기 어려웠을 텐데, 잘 준비해서 갔나 보네요.

성 그래서 예상 질문 사항이나 대안들도 좀 더 신경써서 계획을 세우고 일정을 짜냈습니다. 쉬운 건 아니었지만 그래도 잘 진행된 것 같습니다.

서 그러니까요. 그런 거 하나하나 안 놓치고 잘 챙겨서 준비 잘해갔어요. 윤 매니저! 어쩌면 이렇게 참 꼼꼼하고 섬세할까!

성 매니저는 굳이 말은 많이 안 하지만 늘 일의 핵심을 파악하고 그에 맞는 전략을 수립하고, 기존과 다른 새로운 시도를 즐기는 사람이다. 반면에 윤 매니저는 실행력이 뛰어나고 다른 사람과의 관계도 매우 좋은 사람이다. 사실 이 프로젝트가 성공한 이유는 두 매니저의 조합이 잘 맞았기 때문이다. 그래서 평가를 받는다면 둘 다 좋은 평가를 받아야 할 것이다. 하지만 서 팀장은 자신도 모르게 윤 매니저를 더 높이 평가하는 듯하다. 그 이유는 그의 일 처리 방식이 꼼꼼하고 성실한 실행 위주의 방식이기 때문이다. 이런 잘못된 인식이 평가에 오류를 발생시키면, 상대적으로 저평가를 받은 성 매니저는 일할 의욕을 잃게 될 것이다. 이런 오류를 범하지 않으려면 가급적 세세하고 합리적인 평가 기준을 마련하는 것이 좋다.

▶ **관찰 및 피드백**

사람들은 강점과 약점을 모두 가지고 있다. 간혹 장점과 단점으로 표현하기도 하지만, 기질 특성을 말할 때는 강점, 약점이라는 표현이 더 맞다. 일부 리더는 구성원의 강점을 살리는 데 초점을 맞추지만 일부는 약점을 보완하려고 더 애를 쓴다. 하지만 연구 결과, 강점에 초점을 맞추는 것이 생산성을 올리는 데 더 도움이 된다는 것이다. 물론 약점 보완을 포기하라는 뜻은 아니다.

리더는 구성원들의 강점 기질이 무엇인지 잘 관찰하고 파악해야 한다. 가급적 그것을 고려하여 업무를 부여하고 육성해야 더 높은 성과를 기대할 수 있기 때문이다.

내가 보기에 남 그룹장은 실행력이 떨어지는 것 같은데 팀원들은 왜 그를 좋아하지?

등장인물	차 상무	ATS 122
	남 그룹장	ASC 222

차 그래서 진행은 별문제 없나요? 이번에도 팀원 여럿한테 일을 나눴다고 들었는데.

남 네, 상무님. 각자 가장 효율 좋은 분야로 세분화해서 다들 최고의 퍼포먼스를 내줄 겁니다. 팀원들도 각자의 역할과 책임이 생기니 잘 해내려는 욕심도 생길 거구요.

차 그래도 그렇게 분산시키면 커뮤니케이션 때문에 속도가 좀 떨어지지 않겠어요? 어디 한쪽에서 꼬이면 전반적으로 다 문제도 생길 테고.

남 그래서 소통 부분을 책임지는 매니저가 있습니다. 데이터도 꼬이지 않도록 더블 체크까지 할 수 있게 프로세스를 꾸려놔서 저희 쪽에서는 문제없이 잘 진행되고 있습니다.

차 남 그룹장 결과야 전반적으로 좋으니 기대는 하고 있습니다만, 뭔가 항상 구체적인 진행 상황을 알 수가 없으니 걱정은 된단 말이지. 아무튼 이번에도 꽤나 중요하니 잘 좀 부탁해요. 뭔가 특이사항 발생하면 꼭 좀 전달해주고.

차 상무가 파악한 남 그룹장의 약점은 세부적인 실행력이 떨어진다는 것이다. 차 상무는 그런 남 그룹장의 약점을 어떻게 보완할까 고민을 한다. 그리고 그를 평가할 때 그렇게 좋은 평가는 하지 않을 것이다. 하지만 남 그룹장은 '체계적' 성향이 상대적으로 부족한 사람이어서 상세한 실행 내용까지 챙겨가며 관리하는 부분은 약하지만, 개념을 정리하고 전략을 수립하며 새로운 아이디어를 내

어 일의 방향을 정하는 것을 즐기는 사람이다. 아울러 구성원들에게 관심이 많아 그들의 특성에 맞게 일을 잘 분배하는 중간 리더다. 그러기에 차 상무가 보기엔 관리자로서 약간 불안해 보이지만 의외로 좋은 성과를 내는 것이다. 여기서 중요한 점은 남 그룹장이 자신의 부족한 부분에 신경을 쓰기보다는 자기의 강점을 활용함으로써 성과를 낸다는 점이다. 이렇듯 리더가 구성원의 기질을 잘 파악하고 활용하는 것도 중요하지만, 리더 자신의 강점과 약점도 잘 파악하여 구성원과의 소통에 활용하는 것도 매우 중요한 일이다.

4장
다름을 인정하고 시너지를 올리려면?

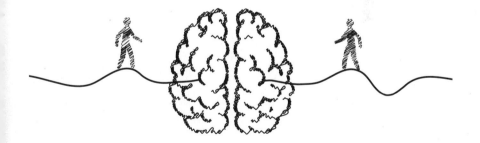

: 내가 가장 싫어하는 부분을 제일 잘하는 사람이 나의 최고의 파트너?

앞서 여러 사례들을 통해 보았듯이 나의 기질 특성상 선호하는 유형이 있다. 아울러 가능한 피하고 싶거나 그런 행동을 하려면 정말 에너지가 많이 소모되는 특성들도 함께 존재한다. 많은 사람들은 자신이 덜 선호하는 기질을 어떻게 보완할까 고민하기도 하고 아예 포기하기도 한다.

리더의 자리에 있는 사람들도 마찬가지이다. 하지만 리더는 그 역할 때문에 부족하다고 느껴지는 부분을 보완하도록 요구받는다. 왜냐하면 리더의 역할에 따라 조직의 성과가 크게 좌우되기 때문이다. 그래서 한때는 리더십에 대한 강의, 책, 워크숍들이 홍수처럼 몰려왔던 시절이 있었다.

하지만 그것들이 리더에게 얼마나 도움이 됐을까? '리더십이 중요한지는 충분히 알겠는데, 어떻게 빠른 시간에 그 리더십 역량을 올릴 수 있느냐'는 항변의 목소리가 나올 수 있다.

특히 대기업의 임원 자리에 있는 리더는 수명(?)이 그리 길지 않기 때문에 당장의 성과를 내는 것이 중요하지 역량을 올리는 것은 그다음이라고 생각할 수 있기 때문이다.

이럴 때 필요한 것이 강점 코칭이다.

약점을 보완하기보다는 강점을 더 발휘하도록 도와주면 더 큰 성과를 올릴 수 있다는 이야기이다. 실제로 약점을 보완하기 위해 들이는 시간과 비용에 비해, 강점을 더 살리는 것이 더 효과적이라는 연구 발표들이 많이 있다.

하지만 많은 역할을 요구받는 리더일수록, 약점 보완을 무시하고 강점만 발휘하며 조직을 이끌어 가기는 정말 어렵다.

이머제네틱스의 진단 결과는 기질 상 내가 어떤 성향을 더 선호하고 덜 선호하는지 알려준다. 그 중 내가 덜 선호하는 부분은 조직 내 다른 사람의 강점을 통하여 보완할 수 있는 방법이 있다.

얼마 전 나의 코칭을 받았던 기업 임원 중에 '사회적' 성향의 선호가 제일 적은 분이 있었다.

그의 직원들은 회식 자리에서도 회사 업무에 대해서만 이야기하고 사적인 대화는 일절 나누지 않는 상사 때문에 긴장을 풀고 화기애애한 대화를 나누어야 할 회식 자리가 오히려 긴장되고 늘 불안했다고 한다.

사실 그 임원도 회식 자리에서 그런 분위기를 만들고 있는 자기 자신이 싫었다고 했다. 마음은 자유롭고 편안한 대화를 나누고 싶은데 그것이 잘 안 된다는 것이다.

그래서 참모 역할을 하는 직원 중에 '사회적' 성향의 선호가 제일 높은 사람이 있는가를 물었다. 그리고 그 직원에게 본인의 고민을 말하고 도움을 요청해 보라고 하였다.

그 결과 대단히 만족할 만한 성과를 얻었다.

그 참모는 아주 자연스럽게 부드럽게 분위기를 만들어갔고 단지 회식 자리뿐만 아니라 회의 시에도 적절한 분위기 메이커 역할을 해주었다. 그리고 다른 구성원들도 그러한 변화에 임원의 선한 의도가 있었다는 것을 알게 되었다.

이런 시너지를 만드는 방법은 비단 리더에게만 필요한 것은 아니다. 직장에서 업무를 수행하는 모든 사람들이 취할 수 있는 방법일 것이다.

지금 나에게 있어 최고의 파트너는 누구일까? 어쩌면 평소에 나하고 제일 안 맞는다는 그 사람일 수 있다.

: 꼭 필요한 사람이 우리 팀에 없으면 옆 팀에서 잠깐 빌릴까?

회사 일을 하다 보면 예상치 못한 지시가 내려질 때가 종종 있다. 제품을 개발하는 부서에게 제품의 홍보안을 작성해 보라든지, 매장에서 의류를 판매하는 부서에게 내년도 유행할 트렌드를 분석해 보라든지. 이런 경우 담당부서는 당황스럽다. 이건 우리하고 전혀 관계가 없는 일이라고 말하고 싶어도, 그 부서 입장에서 의견이 궁금해서 부탁한다고 하면 못 하겠다고 버틸 수가 없다. 그런 황당한(?) 지시에 맞추려면 시간도 문제가 되고 그런 일을 할 만한 사람이 없는 경우도 허다해서 난감해진다.

사실 할 만한 사람이 없다는 것은 단지 인원이 부족하다는 뜻도 있겠지만 그런 일에 대한 경험 있는 인력이 없거나 부족하다는 뜻이기도 하다.

하지만 이때 팀원들을 자세히 들여다보자. 제품을 개발하는 인력 중에서도 그 제품이 어떤 측면에서 경쟁력이 있는지, 왜 그런 기능을 추가해야 되는지, 그런 옵션을 제공할 때 고객은 어떻게 반응할지 등을 더 많이 고민하며 그 부분을 회의 시 강조하는 사람이 있을 것이다.

그가 바로 홍보에 필요한 요소를 이미 머릿속에 정리하고 있는 사람인 것이다.

판매부서의 경우는 어떠한가? 가능한 많은 상품을 고객이 구매하도록 해서 매출을 올리는 것이 그들의 역할이다. 그 와중에도 방문하는 고객이 찾는 상품의 종류나 고객이 착용하고 있는 옷의 디자인이나 옆에 있는 다른 브랜드의 매장에 관심을 보이는 직원이 있을 것이다. 그 직원에게 그 일을 맡겨보면 어떨까? 의외로 매우 신나게 트렌드 분석을 해낼 수도 있다.

지금 우리가 어떤 일을 하고 있느냐와 어떤 일에 흥미를 느끼고 잘할 수 있느냐는 다른 이야기이다. 그러므로 주변에 있는 사람들의 본원적 기질을 파악하려고 노력하다 보면 의외로 큰 보람과 성과를 얻게 될 것이다.

: 만약 지금 그 사람이 옆에 있었다면 뭐라고 할까?

다각적인 관점에서 문제를 해결해야 하는 회의가 종종 있다. 머리를 맞대고 장시간 토론을 해보지만 하면 할수록 한계가 느껴진다. 그 이유는 경험이 거의 유사하고 기질 특성이 비슷한 사람들이 많아서 한정된 관점에서만 그 문제를 바라보기 때문이다.

이렇게 관점이 제한되어 같은 대화만 반복되는 경우가 있다면, 먼저 우리에게 부족한 관점 또는 기질 특성은 무엇일까 생각해 보아야 한다. 만약 '사회적' 성향의 구성원이 없어 그 관점에서의 고려가 부족하다고 가정하자. 그런데 새로 인원을 확충하는 것도, 옆 팀에서 그런 성향의 사람을 찾아 도움을 요청하는 것도 어렵다면 어떻게 해야 되나?

그러면 빈 의자에 '사회적' 특성이라고 써서 붙여 놓자. 그리고 '사회적' 성향의 사람이라면 과연 어떤 의견을 낼까 같이 생각해 보면 된다. 큰 도움이 될 것이다.

우리 조직에 어떤 특정한 기질 특성을 가진 사람이 없다고 걱정할 거 없다. 그 특성이 말할 수 있는 기회만 주면 된다. 빈 의자가 그 일을 해줄 것이다.

부록

가.

등장인물 소개

1. 차 상무 ATS 122

표현　　　주장·유연성

　항상 분석적이고 꼼꼼하며 이성적인 판단을 잘하고 직원들의 특성을 잘 파악하여 용병술에 능하다는 평을 듣는다. 자주 직원들과 어울리고 공과 사를 잘 구분하는 상사로 알려져 있다. 말은 많이 하기보다는 주로 듣는 편이며 적절하게 주장을 내세우기도 하며, 다른 사람의 의견이 옳다고 느끼면 적당한 선에서 수용도 할 줄 아는 합리적인 상사로 인정받고 있다.

2. 서 팀장 T 133

매니저 시절부터 주어진 일에 관해서는 매우 성실하게 책임을 다해 처리한다는 평을 들었으며 매우 꼼꼼하게 일을 처리하는 것이 장점이다. 조용히 혼자서 일을 처리하는 것을 좋아하여 기술적인 분야에 관해 전문가 수준이다.

말을 적게 하는 편이지만 본인이 옳다고 생각하는 부분에 있어서는 다른 사람을 설득하기 위한 자기주장을 굽히지 않는다. 그러면서도 다른 사람의 주장이 옳다고 판단되면 깨끗이 승복하고 수용하는 매너 있는 사람으로 평가된다.

3. 남 그룹장 ASC 222

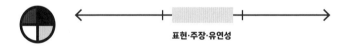

늘 나무보다는 숲을 보며 일을 한다는 평을 듣는다. 본인이 직접 실행에 관여하기보다는 방향을 정하고 시나리오 계획을 하는 데 더 관심을 기울인다. 그룹 내 구성원과 소통이 비교적 원활해서 구성원들의 실행력을 이끌어내고 팀 전체의 퍼포먼스를 향상시키는 중간 리더다. 윗사람에게도 적절하게 그룹의 성과나 어려움을 잘 전달하여서 균형적인 소통을 한다는 평을 듣는다.

4. 박 매니저 TS 222

표현·주장·유연성

상사와 주위 동료로부터 실행력이 뛰어나다는 이야기를 듣는다. 책임감을 가지고 꼼꼼하게 일을 처리하며 필요시 다른 사람과의 협업도 잘하는 편이다. 보고할 때 상사의 말이나 표정 속에서 상사의 뜻을 잘 읽어 같이 일하기 좋은 직원으로 꼽힌다. 말을 너무 많이 또는 적게 하는 편이 아니어서 같이 있으면 편하다는 이야기를 듣고, 자기 생각을 크게 내세우거나 다른 사람의 의견을 상황에 맞게 거절 또는 수용함으로써 원만한 소통을 한다는 평을 듣는다.

5. 송 매니저 TS 311

주장·유연성   표현

윗사람 지시에 성실하고 책임을 다해 임무를 완수한다. 혼자 하는 것보다는 다른 사람과 일하는 것을 더 좋아하며 다른 사람에 대한 배려도 깊다. 어디서든지 분위기를 잘 띄우며 절대로 적을 만들지 않지만 일에 있어서는 다른 사람의 주장이나 의견에 잘 흔들리지 않는 자기만의 소신이 있다는 소릴 듣는다.

6. 지 매니저 SC 333

표현·주장·유연성

친구들과 새로운 나라를 여행하는 것이 너무 좋다고 항상 이야기 하는, 자유로운 영혼의 소유자이다. 회의 시간에는 다른 사람을 배려 하면서도 늘 다른 관점에서 문제를 해결하려 하며 사람들과 다양한 주제로 토론하는 것을 즐긴다. 다변으로 분위기를 주도하며 다른 사 람을 잘 설득하기도 한다. 그러면서도 타인의 주장이 일리 있다고 생 각되면 바로 흔쾌히 수용함으로써 주변에 많은 사람들로부터 재미있 고 부담 없는 굿 가이라는 평을 듣는다.

7. 최 매니저 C 111

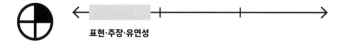

표현·주장·유연성

과거 학창 시절이나 연구소 근무 시 발명왕이라는 소릴 들을 만큼 늘 새로운 기술이나 제품에 관심이 많은 사람이다. 자기만의 세상에 갇혀 산다는 이야기를 들을 정도로 다른 사람과의 소통에 관심이 없 다. 말도 거의 없이 조용히 생각에 잠겨 있는 시간이 많고 회의 시 다 른 사람의 의견에 대해서는 가타부타 의견이 없다. 자기가 생각해 낸 상품이나 아이디어에 대해서는 누가 뭐라 해도 바꾸지 않는 고집불 통이기도 하다.

8. 정 매니저 AC 331

늘 메가 트렌드에 관심을 가지고 필요한 데이터를 수집하고 분석하는 일을 즐겨 한다. 일의 필요성과 방향성을 정리하는 데 능하며 도전적인 목표나 방향을 정립해야 한다고 주장한다.

복잡한 여러 상황을 간략하게 개념화하여 정리함으로써 전략 수립 시 큰 기여를 한다. 본인의 생각을 가지고 많은 사람과 토론하기를 좋아하며 강한 설득력을 가졌다는 평을 듣는다. 일단 방향을 정하면 쉽게 수정하려 하지 않고 결과를 낼 때까지 끝까지 기다린다.

9. 성 매니저 AC 113

항상 모든 사업을 이것이 왜 필요한가로부터 출발한다. 그것이 인정되면 그런 경쟁력을 갖기 위해 무엇을 차별화할 것인가를 생각하는 사람이다. 지금의 경쟁력보다는 미래의 경쟁력에 관심이 많아 항상 지금의 업무 프로세스나 제품에 대해 발전적인 질문을 던진다. 말보다는 생각을 많이 하며 굳이 다른 사람과의 토론을 즐기지 않는다. 새로운 의견에 대해서는 관심을 보이며 그 의견의 가치나 의미를 중요하게 받아들인다.

10. 윤 매니저 TS 333

표현·주장·유연성

시키는 일이면 무엇이든지 다 잘 해내는 편이다. 혼자 하기 힘든 일이면 주위의 도움을 이끌어 반드시 임무를 완수하며 늘 부지런해서 일을 빈틈없이 처리한다.

특히 대외 협력이나 고객과의 소통에 매우 능하며 상호 Win Win 하는 포인트를 잘 찾아낸다. 회사 업무 시간 외에도 많은 사람과 소통하며 주변으로부터 재미있고 사려 깊은 사람이라는 평을 듣는다.

11. 이 매니저 AT 111

표현·주장·유연성

항상 분석적이고 분명하며 체계가 있다. 객관적인 데이터를 신뢰하며 일의 프로세스를 잘 정립하여 일을 수행한다는 소릴 듣는다. 그가 작성한 보고서는 늘 논리적이고 잘 정돈되어서 굳이 설명을 듣지 않아도 될 정도라는 평을 듣는다.

말보다는 메일로 소통하는 것을 즐기며 회의 시에도 자료를 준비해 와 자신의 의견을 대신한다. 다른 사람이 이견을 제시한 때에도 객관적인 근거를 요청하며 그것이 부족하다 느끼면 본인의 생각대로 일단 추진한다.

12. 신 매니저 C 311

주장·유연성   표현

평범한 것을 혐오하고 늘 주위 사람과 다른 생각과 행동을 하는 것이 본인의 삶을 풍요롭게 한다고 생각한다. 그러기에 엉뚱하다는 소리를 듣기도 하지만 정말 창의적이라는 양면의 평가를 받는다. 본인의 생각을 늘 말로 표현하려 하나 굳이 다른 사람의 동의를 구하려 하지 않는다. 본인과 다른 주장을 하는 사람과 크게 부딪히지 않으며 그도 그것을 충분히 표현할 수 있다고 받아들인다. 하지만 기본적으로 본인의 생각을 다른 사람의 권유나 지적으로 인해 잘 바꾸지는 않는다.

이머제네틱스 보충 설명

1. 4가지 생각 성향

| 분석적
명료하게 생각하는
논리적 문제 해결
이성적 | 개념적
상상력이 풍부한
선지명이 있는
아이디어에 대한 직관 |
| 체계적
실용적인 사고
가이드라인을 선호
예측 가능한 | 사회적
사람에 대한 직관
사회적 눈치
관계지향적인 |

뇌 과학

4가지 생각 성향에 대해서는 다음과 같은 색깔로 표현하기도 한다. 파란색은 '분석적' 성향을 나타내고 초록색은 '체계적' 성향을 표현한다. 우뇌에 해당되는 빨간색은 '사회적' 성향을 나타내며 노란색은 '개념적' 성향을 표현한다. 회사 내에서 이머제네틱스 진단 결과를 가지고 서로 소통할 때 '분석적' 또는 '개념적' 성향이라는 단어를 사용하기보다는 파란색 성향, 또는 노란색 성향이라고 표현함으로써 더 친근한 소통이 가능해진다.

2. 3가지 행동 성향

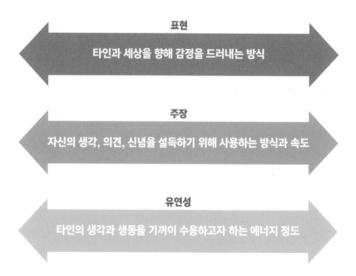

행동 성향은 특별히 색깔로 의미를 주지 않고 0~100까지의 숫자로 또는 1지점, 3지점, 같은 표현으로 정도를 나타낼 뿐이다.

3. 그룹 Profile

그룹 profile은 두 사람 이상의 조직 내에서 가지는 조직원들의 이머제네틱스 평균 성향, 즉 조직의 특성과 그들 간의 상대적인 차이 속에서 발생하는 역동을 설명하기 위한 자료이다. 예를 들어 아래 Dot graph에서 보면, 행동 성향 중 '표현' 성향의 평균값 주변의 조직 구성원들 간의 역동과 평균 양쪽 끝의 조직원 간의 역동은 크게 다를 것이다. 즉 평균값 주변의 조직원들을 특별히 상대가 자신보다 말을 적게 하거나 많이 한다고 느끼지 않는 반면, 양쪽 끝의 조직원은 상대가 너무 말을 많이 해서 매우 수다스럽거나 아니면 말이 너무 없어 매우 음흉하다고 느낄 것이기 때문이다.

이렇듯 상대적인 체감은 대화하는 상대가 평균값의 어느 위치에 있느냐에 따라 매우 다르다는 것을 의미한다.

EMERGENETICS®| GROUP

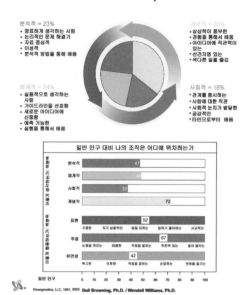

분석적 = 23%
• 명료하게 생각하는 사람
• 논리적인 문제 해결가
• 자료 중심력
• 이성적
• 분석적 방법을 통해 배움

개념적 = 35%
• 상상력이 풍부한
• 경험을 통해서 배움
• 아이디어에 직관력이 있는
• 선견지명 있는
• 색다른 일을 즐김

체계적 = 24%
• 실용적으로 생각하는 사람
• 가이드라인을 선호함
• 새로운 아이디어에 신중함
• 예측 가능한
• 실험을 통해서 배움

사회적 = 18%
• 관계를 중시하는
• 사람에 대한 직관
• 사회적 눈치가 발달한
• 공감적인
• 타인으로부터 배움

일반 인구 대비 나의 조직은 어디에 위치하는가

분석적	47	
체계적	48	
사회적	37	
개념적	72	
표현	52	
주장	67	
유연성	42	

일반 인구   0 10 20 30 40 50 60 70 80 90 100

Emergenetics, LLC, 1991, 2020 **Geil Browning, Ph.D. / Wendell Williams, Ph.D.**

이머제네틱스 통합점수

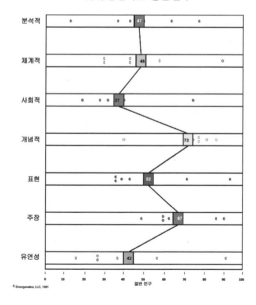

© Emergenetics, LLC, 1991

일반 인구